Jörg P. Ritter
Lern – und Arbeitsbücher

Band 2 / Reihe:

Fragen & Antworten für Fachwirte IHK

Thema: Recht

Herstellung und Verlag:
BoD - Books on Demand, Norderstedt

ISBN: 978-3-739217-96-3 / 1. Auflage

© Jörg P. Ritter, Bremen, 2015

Vorwort

Das Ihnen vorliegende Buch ist für den Einsatz in der Erwachsenenbildung konzipiert. In allen Lehrgängen zum Fachwirt/in IHK, in der sich Teilnehmer und Teilnehmerinnen auf den Dienstleistungsteil ihrer Prüfung vorbereiten kommt dieses Buch zum Einsatz und bereitet Sie auf den Grundlagenteil zum Thema Recht vor.

Ziel dieses Buches ist nicht, die komplette Theorie zu dem Thema Recht durchzunehmen. Vielmehr habe ich bei der Konzeption dieses Buches vorhandene und bereits geschriebene Prüfungen betrachtet und nur die wichtigsten Fragen zusammengestellt, die am häufigsten abgeprüft wurden.

Für Kritik, Fragen und Anregungen bin ich stets dankbar und bitte Sie mir eine E-Mail an: joergpritter@gmail.com zu senden. Weitere Informationen zum Autor finden Sie unter www.jpritter.com.

Bremen, November 2015

Jörg P. Ritter

Inhaltsverzeichnis:

Wann wird ein Gut als „geringwertiges Wirtschaftsgut" bezeichnet?

Ein **geringwertiges Wirtschaftsgut** (GWG) ist im Einkommensteuerrecht Deutschlands gemäß § 6 Abs. 2 des Einkommensteuergesetz (EStG) ein selbstständig nutzbarer Gegenstand mit Nettoanschaffungs- oder Herstellungskosten von bis zu 1.000 Euro. Nur bewegliche und abnutzbare Gegenstände, die zum mehrjährigen Gebrauch bestimmt sind, können geringwertige Wirtschaftsgüter sein.

Was ist eine Bruchteilsgemeinschaft?

Eine **Bruchteilsgemeinschaft** bezeichnet das Miteigentum an einer Sache, das mehreren Eigentümern gemeinschaftlich nach Bruchteilen zusteht.

Was bedeutet „Rechtsfähigkeit"?

Rechtsfähigkeit ist die Fähigkeit, Träger von (subjektiven) Rechten und Rechtspflichten zu sein.

Wer ist ein Rechtssubjekt?

Rechtssubjekt ist, *wer* Träger von Rechten und Pflichten ist.

Rechtssubjekt kann nur sein, wer Rechtsfähigkeit besitzt. Wer oder was rechtsfähig und damit Rechtssubjekt ist, legt die jeweilige Rechtsordnung fest. In gewissem Sinn sind in einer Rechtsordnung alle Rechtssubjekte „juristische Personen" (Kelsen). Üblicherweise wird jedoch zwischen natürlichen Personen und juristischen Personen unterschieden. In einem weiten Sinn sind juristische Personen alle Rechtssubjekte einer Rechtsordnung, die nicht natürliche Personen sind. In einem engeren Sinn sind juristische Personen nur solche Rechtssubjekte, die nicht natürliche Personen sind, deren Rechtsfähigkeit von der jeweiligen Rechtsordnung ausdrücklich anerkannt ist.

Beispiel: Die Gesellschaft bürgerlichen Rechts wird in Deutschland nicht als juristische Person (im engeren Sinn) angesehen. Auf Grund ihrer Rechtsfähigkeit (in der Rechtsprechung seit 2001) ist sie trotzdem Rechtssubjekt.

Was sind natürliche Personen?

Natürliche Personen sind alle Menschen. Die Rechtsfähigkeit beginnt mit der Vollendung der Geburt - § 1 BGB - und endet mit dem Tod § 1922 BGB. Die Geburt im Rechtssinne beginnt mit den Eröffnungswehen und ist vollendet mit dem vollständigen Austritt der Leibesfrucht aus dem Mutterkörper, auf die Lösung der

Nabelschnur kommt es nicht an. Die Beendigung der Rechtsfähigkeit erfolgt nach verbreiteter Meinung mit Eintreten des Hirntodes [1].Nach dem Tod besteht keine Rechtsfähigkeit, aber ein postmortales Persönlichkeitsrecht.

Was sind juristische Personen?

Als **juristische Person** wird eine Personenvereinigung oder ein Zweckvermögen mit gesetzlich anerkannter rechtlicher Selbständigkeit bezeichnet [2].

Die juristische Person besitzt eine eigene Rechts- und Parteifähigkeit unabhängig vom Bestand ihrer Mitglieder und deren Vermögen. Die Mitglieder sind allerdings an der juristischen Person vermögensrechtlich, etwa durch Aktienbesitz oder korporativ beteiligt. Die Rechtsfähigkeit besteht ab der Gründung (Eintragung in ein öffentliches Register) bis zur Auflösung nach der Liquidation.

Die juristische Person kann am Rechtsverkehr teilnehmen und ist handlungsfähig durch ihre Organe. Sie kann auch Vertreter beschäftigen wie beispielsweise Prokuristen.

Juristische Personen sind deliktsfähig wenn ihnen zum Schadensersatz verpflichtende Handlungen ihrer verfassungsmäßigen Vertreter zugerechnet werden können (§ 31, § 89 BGB). Bestraft werden allerdings nur natürliche Personen, wie zum Beispiel der

Geschäftsführer wegen einer Insolvenzstraftat.

Wer wird als juristische Personen des Zivilrechts bezeichnet?

Das Zivilrecht unterscheidet bei der juristischen Person zwischen der mitgliedschaftlich organisierten Körperschaft und der aus einem zweckgebundenen Vermögen bestehenden Stiftung. Grundform der Körperschaft des privaten Rechts ist der eingetragene Verein (e.V.), § 21, § 22 BGB. Andere juristische Personen, etwa die GmbH, die Aktiengesellschaft und die eingetragene Genossenschaft, bauen auf dieser Grundform auf. Sie erlangen ihre Rechtsfähigkeit durch Eintragung in ein bei einem Gericht geführtes Register, wie z.B. dem Handelsregister.

Was sind juristische Personen des Privatrechts?

Juristische Personen des Privatrechts sind:

- Körperschaften des Privatrechts

- Verein (eingetragener Verein)

- Aktiengesellschaft

- Kommanditgesellschaft auf Aktien

- Gesellschaft mit beschränkter Haftung einschl. der

Unternehmergesellschaft

- eingetragene Genossenschaft

- Europäische Gesellschaft

- Stiftung bürgerlichen Rechts

Was sind juristische Personen des öffentlichen Rechts?

Juristische Personen des öffentlichen Rechts sind Rechtssubjekte, die auf öffentlich-rechtlichem und privatrechtlichem Gebiet Rechtsfähigkeit kraft Gesetzes besitzen. Sie bestehen aufgrund öffentlich-rechtlicher Hoheitsakte oder öffentlich-rechtlicher Anerkennung (z.B. Gemeinden oder Kirchen). Ihnen gemeinsam ist das Recht der Selbstverwaltung, sie unterstehen staatlicher Aufsicht und können in der Regel objektives Recht für ihren Aufgabenbereich durch Satzungen setzen.

Generell wird unterschieden zwischen:

- Körperschaften,

- Anstalten des öffentlichen Rechts und

- Stiftungen öffentlichen Rechts.

Unterarten der Körperschaften, bei denen Zwangsmitgliedschaft ein häufiges Kriterium ihrer Errichtung darstellt, sind

- Gebietskörperschaften - Bund, Länder, Landkreise und Gemeinden,

- Verbandskörperschaften (Gemeindeverbände)

- Personal- und Realkörperschaften wie z.B. die Industrie- und Handelskammern, Handwerkskammern oder Berufskammern wie der Rechtsanwaltskammer.

Die Anstalten gliedern sich in

- bundesunmittelbare Anstalten (z. B. Die Deutsche Nationalbibliothek)

- landesunmittelbare Anstalten (z.B. Rundfunkanstalten)

- kommunale Anstalten (z.B. aus einer Kommune ausgegliederte Wirtschaftsbetriebe).

Zu den Stiftungen des öffentlichen Rechtes gehören z.B. die

- Deutsche Bundesstiftung Umwelt.

Juristische Personen des öffentlichen Rechts sind entweder bundesgesetzlich (§ 12 Abs. 1 InsO) oder landesrechtlich (z.B. § 128 Abs. 2 GemO NRW) nicht insolvenzverfahrensfähig.

Was bedeutet der Begriff „Geschäftsfähigkeit"?

In der deutschen Rechtswissenschaft bezeichnet **Geschäftsfähigkeit** die Fähigkeit, Rechtsgeschäfte wirksam selbst vorzunehmen.

Minderjährige, die das 7. Lebensjahr nicht vollendet haben, sind geschäftsunfähig – siehe § 104 Nr. 1 Bürgerlichen Gesetzbuch - BGB.

Wer geschäftsunfähig ist, hat nicht die rechtliche Macht, Willenserklärungen wirksam abzugeben oder selbständig Rechtsgeschäfte zu tätigen, zum Beispiel Verträge zu schließen oder zu kündigen. Er benötigt einen gesetzlichen Vertreter.

Beschränkt geschäftsfähig sind Minderjährige vom vollendeten 7. bis zum vollendeten 18. Lebensjahr – siehe § 106 BGB. Die meisten Rechtsgeschäfte, die beschränkt Geschäftsfähige schließen, sind schwebend unwirksam, wenn sie nicht mit Einwilligung des gesetzlichen Vertreters geschlossen werden. Eltern können dem Rechtsgeschäft jedoch auch nachträglich zustimmen, d.h. innerhalb von 14 Tagen genehmigen – siehe § 183,§ 184 BGB.

Von diesem Grundsatz gibt es allerdings auch einige Ausnahmen. So sind z.B. Willenserklärungen, die rechtlich lediglich vorteilhaft sind – siehe § 107 BGB, wie beispielsweise die Annahme von bestimmten Schenkungen, auch ohne Zustimmung wirksam.

Ferner können beschränkt geschäftsfähige Minderjährige wirksam Rechtsgeschäfte eingehen, die sie mit Mitteln abschließen, die ihnen zu diesem Zweck oder zur freien Verfügung vom gesetzlichen

Vertreter - oder mit dessen Zustimmung von anderen - überlassen worden sind – siehe „Taschengeldparagraph", § 110. Bei einer Einwilligung durch den gesetzlichen Vertreter darf der Minderjährige eigene Verträge abschließen – siehe § 107 BGB.

Da das BGB grundsätzlich alle Menschen als voll geschäftsfähig einstuft, regelt es nicht konkret den Eintritt der vollen Geschäftsfähigkeit, sondern deren Ausnahmen in § 104, § 106 BGB. Die unbeschränkte Geschäftsfähigkeit wird somit mit Vollendung des 18. Lebensjahres und dem Beginn der Volljährigkeit, § 2 BGB erreicht. Damit ist zugleich die Prozessfähigkeit gegeben – siehe § 51 ZPO.

Was bedeutet der Begriff „Geschäftsunfähigkeit"?

Geschäftsunfähig sind jedoch neben Minderjährigen unter sieben Jahren auch Personen (gleich welchen Alters), die sich in einem Zustand krankhafter Störung der Geistestätigkeit befinden, der die freie Willensbestimmung ausschließt und seiner Natur nach nicht nur vorübergehend ist. Willenserklärungen geschäftsunfähiger Personen sind nichtig, also rechtlich unwirksam. Die Regelung findet sich in § 104 BGB.

Soweit noch kein gesetzlicher Vertreter vorhanden ist, wird dieser als Betreuer vom Betreuungsgericht bestellt § 1896 BGB.

Als Zustände krankhafter Störung der Geistestätigkeit gelten unter anderem:

- Demenz
- Geistige Behinderung
- Wahn und Halluzinationen,
- Alkoholkrankheit oder Drogenmissbrauch, wenn infolge der Sucht bereits schwerwiegende cerebrale Veränderungen eingetreten sind
- Affektive Störungen wie Manie und Depression [3].

Die Geschäftsunfähigkeit ist für Außenstehende nicht immer erkennbar. Das Gesetz schützt nicht den guten Glauben an die Geschäftsfähigkeit des Geschäftsgegners, da der Schutz eines nicht unbeschränkt Geschäftsfähigen Vorrang hat. Das bedeutet, dass abgeschlossene Verträge auch dann unwirksam sind, wenn die Geschäftsunfähigkeit des Vertragspartners nicht erkennbar war.

Was ist das Schuldrecht im BGB?

In Deutschland ist das Schuldrecht überwiegend im zweiten Buch des Bürgerlichen Gesetzbuchs (BGB) geregelt, also in den § 241 bis § 853 BGB. Vereinzelt finden sich schuldrechtliche Regelungen aber auch in anderen Teilen des BGB wie z.B. im Sachenrecht, das Eigentümer-Besitzer-Verhältnis, §§ 987 ff. BGB, oder im

Familienrecht, die Verpflichtung zum Familienunterhalt, § 1360 BGB und in anderen Gesetzen.

Was ist im allgemeines Schuldrecht geregelt?

Die § 241 bis § 432 BGB regeln das *allgemeine Schuldrecht*. Sie enthalten die Normen, die grundsätzlich für alle Schuldverhältnisse gelten, gleich ob diese auf einer vertraglichen oder gesetzlichen Grundlage beruhen, und regeln insbesondere den Inhalt, die Gestaltung und das Erlöschen von Schuldverhältnissen, die Übertragung von Forderungen bzw. Schulden und die Verhältnisse bei Gläubiger- bzw. Schuldnermehrheit. Eine Ausnahme stellt der Abschnitt 3 dar (§ 311 bis§ 361 BGB), der innerhalb des allgemeinen Schuldrechts Sonderregeln für vertragliche Schuldverhältnisse trifft.

Das **Schuldverhältnis** ist die Beziehung zwischen dem Gläubiger und dem Schuldner einer schuldrechtlichen Forderung. Dies ergibt sich aus § 241 Abs. 1 BGB, wonach das Schuldverhältnis dadurch gekennzeichnet ist, dass kraft seiner der Gläubiger berechtigt ist, vom Schuldner eine Leistung zu fordern.

Wie entstehen Schuldverhältnisse?

Die Entstehungsgründe für Schuldverhältnisse sind vielfältig. Dabei unterscheidet man zwei Grundtypen, nämlich

1. **vertragliche Schuldverhältnisse**: kraft privatautonomer Selbstbindung begründen die Parteien Verpflichtungen, die in einem Vertrag ausdrücklich vereinbart wurden oder sich aus den Vorschriften des Zivilrechts über die Haftung bei bestimmten Verträgen ergeben und

2. **gesetzliche Schuldverhältnisse**, die keine vertragliche Beziehung voraussetzen, sondern vom Gesetz gerade für solche Fälle angeordnet werden. Beispielsweise werden die Beteiligten eines Verkehrsunfalls typischerweise nicht zuvor vertraglich vereinbart haben, wer den Schaden zu tragen hat. Hierfür hält das Gesetz Regelungen parat. Bekanntestes Beispiel hierfür ist die Schadensersatzpflicht für unerlaubte (deliktische) Handlungen nach § 823 BGB.

Dass die einzelnen Vertragstypen wie Leihe, Miete, Pacht u.s.w. im Gesetz genannt sind, macht sie nicht zu gesetzlichen Schuldverhältnissen. Die Ansprüche ergeben sich nicht aus dem Gesetz, sondern aus dem Vertrag. Das Gesetz hält nur für den Fall, dass nicht für alle Eventualitäten Regelungen getroffen wurden, dispositive Regelungen zur Lückenfüllung bereit. Obwohl es sich eingebürgert hat, zu sagen, der kaufvertragliche Anspruch auf Übereignung der Sache folgt aus dem § 433 BGB", entspringt diese

Übereignung tatsächlich dem Kaufvertrag; § 433 ermöglicht es nur, anhand dieses vorausgesetzten Anspruchs zu identifizieren, *welche* gesetzlichen Regelungen ergänzend heranzuziehen sind - nämlich diejenigen, die auf § 433 BGB folgen [4].

Wie erlöschen Schuldverhältnisse?

Ein Schuldverhältnis erlischt unter anderem, wenn

1. die geschuldete Leistung erbracht wurde - Erfüllung – §§ 362 ff. BGB

2. der Schuldner Wertsachen für den Gläubiger an einer dazu bestimmten öffentlichen Stelle hinterlegt Hinterlegungsvertrag – §§ 372 ff. BGB

3. zwei Personen, die einander Leistungen schulden, die gegenseitigen Forderungen aufrechnen - Aufrechnung – §§ 387 ff. BGB

4. der Gläubiger dem Schuldner durch Vertrag die Schuld erlässt – siehe Schuldenerlass; § 397 BGB

Was ist der „Leistungsort"?

Der **Leistungsort** im deutschen Recht - vom Gesetz in § 447, § 644 BGB, § 29 ZPO sowie in der Vertragspraxis auch **Erfüllungsort** genannt - ist der Ort, an dem der Schuldner die Leistungs*handlung*

16

zu bewirken / erfüllen hat. Der Leistungsort ist zu unterscheiden vom Erfolgsort, der den Ort bezeichnet, an dem der Leistungs*erfolg* eintritt.

Was ist der „Zahlungsort"?

Zahlungsort ist ein Begriff aus der Finanz- und Warenwirtschaft. Der Zahlungsort wird dabei im Regelwerk von Verträgen zusammen mit dem Leistungsort festgelegt. Zahlungsort und Leistungsort weichen oftmals voneinander ab. In Deutschland ist der Leistungsort in § 269 BGB geregelt, der Zahlungsort in § 270 BGB.

Bei Finanzgeschäften unterscheidet man grundsätzlich Leistungsort und Zahlungsort, wobei der Leistungsort der Wohn- oder Geschäftssitz des Schuldners ist. Jedoch hat der Schuldner den Finanztransfer auf seine Kosten und seine Gefahr dem Gläubiger an dessen Wohn- oder Geschäftssitz zu übermitteln. Der Schuldner muss also noch einmal zahlen, wenn zum Beispiel die geleistete Zahlung per Überweisung unterwegs verloren geht.

Was bedeuten die „AGB – Allgemeine Geschäftsbedingungen"?

Allgemeine Geschäftsbedingungen – *AGB* - sind für eine Vielzahl von Verträgen vorformulierten Vertragsbedingungen, die eine

Vertragspartei (der Verwender) der anderen Vertragspartei (dem Vertragspartner) bei Abschluss eines Vertrages stellt. Dabei ist es gleichgültig, ob die Bestimmungen einen äußerlich gesonderten Bestandteil des Vertrags bilden oder in die Vertragsurkunde selbst aufgenommen werden.

Was sagt der Begriff „Unmöglichkeit" aus?

Von **Unmöglichkeit** spricht man im Schuldrecht, wenn der Schuldner eine Leistung aus tatsächlichen und/oder aus rechtlichen Gründen dauerhaft oder endgültig nicht erbringen kann. Nach dem Rechtsgrundsatz *impossibilium nulla est obligatio* erlischt mit der Unmöglichkeit auch die Verpflichtung zur Leistung. Das Bürgerliche Gesetzbuch (BGB) definiert den Begriff Unmöglichkeit nicht, sondern setzt ihn als bekannt voraus (§ 275 BGB).

Die Unmöglichkeit führt zum Erlöschen der Leistungspflicht. Das bedeutet, der Schuldner braucht seine Verpflichtung, beispielsweise die Übergabe und Eigentumsverschaffung eines verkauften, aber nach Vertragsschluss dem Verkäufer gestohlenen Fernsehers, nicht mehr zu erfüllen.

Wird der Schuldner von seiner Leistungspflicht befreit, dann hat er regelmäßig auch keinen Anspruch auf die Gegenleistung (§ 326 Abs. 1 BGB), das heißt ohne Leistung keine Gegenleistung. Ist ein

Schuldner wegen Unmöglichkeit von der Erfüllung befreit, besteht der Vertrag trotzdem weiter. Praktisch kann dies insbesondere bedeuten, dass den befreiten Schuldner weitere Vertragspflichten wie Schadensersatzpflichten treffen können.

Was ist eine „Mängelrüge"?

Die ausdrückliche **Mängelrüge** ist häufig Voraussetzung für die Geltendmachung von gesetzlichen oder vertraglichen Gewährleistungsansprüchen. Sollte im Zweifel schriftlich und gegen Zugangsnachweis erhoben werden.

Was sagt der Begriff „Schuldnerverzug" aus?

Im **Schuldnerverzug** befindet sich der Schuldner einer fälligen und durchsetzbaren Forderung, wenn er seine Leistungshandlung im Zeitpunkt des verzugsauslösenden Umstandes (in der Regel Mahnung oder Zeitablauf) nicht vorgenommen und diese Verzögerung zu vertreten hat. Im Falle einer Geldforderung spricht man (insbesondere außerhalb der Rechtswissenschaft) auch vom **Zahlungsverzug**. Im deutschen Recht ist der Schuldnerverzug im BGB geregelt; maßgeblich sind die § 280 Abs. 1 und 2, § 286 ff. BGB.

Was ist das „Sachenrecht" im BGB?

Das **Sachenrecht** bezeichnet ein Rechtsgebiet, das die Rechtsverhältnisse von Rechtssubjekten zu körperlichen Gegenständen regelt [5]. Zu den körperlichen Gegenständen gehören dabei bewegliche Sachen (Fahrnis) und unbewegliche Sachen (Grundstücke) sowie grundstücksgleiche Rechte.

Das Sachenrecht ist in Deutschland im dritten Buch (§§ 854 bis § 1296) des Bürgerlichen Gesetzbuches kodifiziert und regelt als objektives Recht sowohl die Ruhelage (also beispielsweise die Befugnisse des Eigentümers oder Besitzers) als auch die Veränderung (also beispielsweise Übereignung und Besitzverschaffung) des Rechtsverhältnisses.

Was ist das Insolvenzrecht?

Das **Insolvenzrecht Deutschlands** ist das Rechtsgebiet des deutschen Zivilrechts, das sich auf materiell- und verfahrensrechtlichem Gebiet mit den Rechten von Gläubigern bei Zahlungsunfähigkeit des Schuldners befasst. Insolvenz, umgangssprachlich auch in Deutschland **Konkurs,** bezeichnet die Eigenschaft eines Schuldners, seine Zahlungsverpflichtungen gegenüber dem Gläubiger nicht erfüllen zu können. Die Insolvenz ist gekennzeichnet durch akute *Zahlungsunfähigkeit,* drohende

Zahlungsunfähigkeit und/oder Überschuldung.

Der Sinn der Insolvenz und des danach folgenden Insolvenzverfahrens ist es, entweder die Zahlungsfähigkeit wiederherzustellen, oder die Situation geordnet abzuwickeln (bei Unternehmen durch Auflösung, bei Einzelpersonen letztlich durch Restschuldbefreiung).

Welche Formen der Insolvenz gibt es?

Die Insolvenzordnung (InsO) kennt zwei verschiedene Insolvenzverfahren:

- Das Regelinsolvenzverfahren: Auf juristische Personen anzuwenden, außerdem auf natürliche Personen, die aktuell selbständig tätig sind oder die selbständig waren und deren Verhältnisse als nicht überschaubar gelten (ab 20 Gläubiger, § 304 Abs. 2 InsO), oder bei denen mindestens ein Gläubiger Ansprüche aus Arbeitsverhältnissen geltend macht und
- das Verbraucherinsolvenzverfahren: Für andere natürliche Personen.

Was ist die Insolvenzmasse?

Die **Insolvenzmasse** umfasst nach der Definition des § 35 Insolvenzordnung (InsO) das gesamte Vermögen, das dem

Insolvenzschuldner zur Zeit der Eröffnung des Insolvenzverfahrens gehört und das er während des Verfahrens erlangt.

Die Insolvenzmasse dient der Befriedigung der Gläubiger im Insolvenzverfahren im Wege der Gesamtvollstreckung. Nach der Aussonderung der nicht zum Verfahren gehörenden Vermögenswerte (z.B. aus Eigentum Dritter, etwa bei Kauf unter Eigentumsvorbehalt), der Berücksichtigung der Absonderungsrechte (aus Pfandrechten, aber auch etwas systemwidrig Sicherungseigentum, das aber wirtschaftlich eher einem Pfandrecht gleicht), dem Abzug der Verfahrenskosten und der Befriedigung der Massegläubiger wird aus der dann noch vorhandenen Masse die Quote, nach der die Insolvenzgläubiger befriedigt werden, berechnet.

Was bedeutet „Aussonderung"?

Wer aufgrund dinglichen oder persönlichen Rechts geltend machen kann, dass ein zur Masse herangezogener Gegenstand der Insolvenzmasse in Wirklichkeit nicht angehört, begehrt Aussonderung. Derart Aussonderungsberechtigte sind keine Insolvenzgläubiger, weil sie nicht Befriedigung aus der Masse verlangen, sondern im Gegenteil eine Bereinigung der Masse herbeiführen. Zur Aussonderung berechtigen insbesondere Eigentum, einfaches Vorbehaltseigentum (wenn der Insolvenzverwalter des Vorbehaltskäufers zum Besitz nicht mehr berechtigt ist; § 986 BGB),

Besitz (wenn ein Recht auf Wiedereinräumung des Besitzes besteht; § 861 BGB, Erbschaftsanspruch, schuldrechtlicher Herausgabeanspruch (z. B. auf Kaufsache, auf Rückgabe der Mietsache, auf Rückgabe von Verwahrsachen; §§ 1004, § 1007 BGB.

Was ist die „Absonderung"?

Absonderung ist das Recht eines Gläubigers, sich aus dem Verwertungserlös eines der Soll-Insolvenzmasse zugehörigen Gegenstandes außerhalb der allgemeinen Vorschriften des Insolvenzverfahrens vorzugsweise zu befriedigen [6]. Die vorzugsweise Befriedigung aus den Sicherungsrechten erfolgt nach den §§ 166 bis 173 InsO. Danach ist der Insolvenzverwalter zur Verwertung des Sicherungsguts berechtigt und muss den Verwertungserlös abzüglich der angefallenen Verwertungskosten unverzüglich an den Sicherungsnehmer auszahlen (auskehren) - siehe §§ 166 Abs. 1, 170 Abs. 1 und 171 InsO.

Was ist ein „Kaufmann"?

Kaufmann im Sinne des Handelsgesetzbuches (HGB) ist nach § 1 Abs. 1 HGB, wer ein Handelsgewerbe betreibt. „Das HGB betrifft also nicht den Kaufmann im wirtschaftlichen Sinne, sondern den Kaufmann im Rechtssinne. Es werden sechs Kaufmannsarten unterschieden: Istkaufmann nach § 1 HGB, Kannkaufmann nach§ 2 HGB, Kannkaufmann nach § 3 HGB, Fiktivkaufmann nach § 5 HGB, Scheinkaufmann und Formkaufmann nach § 6 HGB"[7].

Was bezeichnet der Begriff „Kannkaufmann"?

Kleingewerbetreibende sind im handelsrechtlichen Sinne keine Kaufleute und unterliegen demnach grundsätzlich nicht den Regelungen des HGB [8]. Aber sie können zum Kaufmann werden, was bedeutet, dass das HGB auf sie Anwendung findet. Nach § 2 S. 1 HGB wird dem Kleingewerbetreibenden die Möglichkeit eingeräumt, seine Firma ins Handelsregister eintragen zu lassen. Hierzu besteht keine Pflicht, sondern ein Wahlrecht, die Kaufmannseigenschaft durch die Eintragung herbeizuführen [9]. Die Eintragung hat hier für die Kaufmannseigenschaft also eine konstitutive Wirkung. Nach der Eintragung nennt man den Kleingewerbetreibenden dann Kannkaufmann [10]. Der Kannkaufmann ist nach § 2 HGB als vollwertiger Kaufmann anzusehen [11].

Was ist ein „Formkaufmann"?

Manche Privatrechtssubjekte sind schon aufgrund ihrer Rechtsform als Kaufleute einzuordnen und werden als Formkaufleute bezeichnet [12]. Laut § 6 Abs. 1 HGB können die für Kaufleute geltenden

Vorschriften auch für Handelsgesellschaften herangezogen werden. Daraus folgt, dass die Handelsgesellschaften und bestimmte juristische Personen als Kaufleute zu behandeln sind [13].

Zu den Formkaufleuten gehören kraft Rechtsnorm die Aktiengesellschaft (AG) (§ 3 AktG), die Europäische Aktiengesellschaft SE (Art. 3 SE-VO), die Gesellschaft mit beschränkter Haftung (GmbH) (§ 13 GmbHG), die Kommanditgesellschaft auf Aktien (KGaA) (§ 278 AktG), die eingetragene Genossenschaft (eG) (§ 17 GenG). Dies bedeutet, dass diese Gesellschaften unabhängig von der Art und dem Umfang ihrer Tätigkeit, sondern nur aufgrund ihrer Rechtsform, zu den Kaufleuten gezählt werden. Die Eintragung der Gesellschaft im Handels- bzw. Genossenschaftsregister, welche eine konstitutive (rechtsbegründende) Bedeutung hat, wird allerdings vorausgesetzt, da durch diese Eintragung die Gesellschaft überhaupt erst als juristische Person zu Stande kommt [14].

Des Weiteren ist in § 6 Abs. 2 HGB bestimmt, dass der „Verein" Kaufmann kraft Gesetzes ist und den Eigenschaften eines Kaufmanns unterliegt und somit nur aufgrund seiner Rechtsform als Formkaufmann gezählt wird [15]. Dies gilt auch, wenn er die in § 1 Abs. 2 HGB genannten Voraussetzungen nicht erfüllt [16].

Was bedeutet der Begriff „Prokura"?

Die Rechtsgrundlagen der Prokura finden sich in § 48 bis § 53 HGB. Danach ermächtigt sie gemäß § 49 Abs. 1 HGB „zu allen Arten von gerichtlichen und außergerichtlichen Geschäften und Rechtshandlungen, die der Betrieb eines Handelsgewerbes mit sich bringt".

Die Prokura ist ausdrücklich (mündlich oder schriftlich) zu erteilen (§ 48 Abs. 1 HGB) und vom Inhaber des Handelsgewerbes nach § 53 Abs. 1 HGB im Handelsregister einzutragen.

Arten der Prokura:

- Einzelprokura ist die einer einzelnen Person erteilte Vollmacht, wodurch sie allein vertretungsberechtigt handeln kann. Diese Prokura hat einen umfassenden Charakter.

- Bei der Filialprokura ist die Prokura auf eine Filiale oder Geschäftsstelle eines Unternehmens beschränkt (§ 50 Abs. 3 HGB). Eine **Prokura**, die sich auf **alle Niederlassungen** eines Kaufmanns erstreckt, bezeichnet man als **Generalprokura**. Die Firmen der Zweigniederlassungen müssen sich durch einen Zusatz unterscheiden, etwa „Filiale Bremen-Oslebshausen".

- Bei der echten Gesamtprokura sind nur zwei oder mehrere

Prokuristen zum gemeinschaftlichen Handeln befugt – siehe § 48 Abs. 2 HGB. Die Prokuristen müssen gemeinschaftlich handeln und unterschreiben regelmäßig gemeinsam.

Was ist das „Handelsregister"?

Das **Handelsregister** in Deutschland ist ein öffentliches Verzeichnis, das Eintragungen über die angemeldeten Kaufleute im Bezirk des zuständigen Registergerichts führt und das über die dort hinterlegten Dokumente Auskunft erteilt. Das Handelsregister informiert über wesentliche rechtliche und wirtschaftliche Verhältnisse von Kaufleuten und Unternehmen und kann von jedermann eingesehen werden. Eintragungen in das Handelsregister genießen einen umfassenden Verkehrs- und Vertrauensschutz nach § 15 Handelsgesetzbuch (HGB).

Das Register besteht aus zwei Abteilungen, Abteilung A für Einzelunternehmen, Personengesellschaften und rechtsfähige wirtschaftliche Vereine und Abteilung B - in der Kapitalgesellschaften eingetragen werden.

Eintragungen im Handelsregister können,

- *konstitutiv* (rechtserzeugend), d.h. die Rechtswirkung tritt erst durch die Eintragung ein, oder

- *deklaratorisch* (rechtsbezeugend), d.h. die Rechtswirkung ist schon vor der Eintragung eingetreten, sie wird durch die Eintragung nur bestätigt, sein.

Was ist ein Handelsvertreter?

Der **Handelsvertreter**, ist selbständiger Gewerbetreibender, der damit beauftragt ist, für einen anderen oder mehrere andere Unternehmer (Anbieter) Geschäfte zu vermitteln oder in dessen bzw. deren Namen abzuschließen. Ein Handelsvertreter kann für eine oder mehrere Unternehmen tätig sein. Er arbeitet in fremdem Namen und für fremde Rechnung – siehe § 84 Abs. 1 HGB. Der Handelsvertreter ist im Wesentlichen frei in der Gestaltung seiner Tätigkeit und der Bestimmung seiner Arbeitszeit.

Arbeitsrecht

Das **Arbeitsrecht** umfasst alle Gesetze, Verordnungen und sonstige verbindliche Bestimmungen zur unselbständigen, abhängigen Erwerbstätigkeit. Inhaltlich unterscheidet man das Individualarbeitsrecht (Verhältnis zwischen Arbeitgeber und Arbeitnehmer) und das Kollektivarbeitsrecht (Verhältnis zwischen Gewerkschaften und Betriebsräten bzw. Personalräten auf der einen Seite und den Arbeitgeberverbänden und Arbeitgebern auf der anderen Seite [17]. Ein wichtiger Bestandteil des Arbeitsrechts ist der Arbeitnehmerschutz.

Ausgangspunkt des Arbeitsrechts ist der Arbeitsvertrag, durch den das Arbeitsverhältnis überhaupt erst begründet wird. Der Arbeitsvertrag ist eingebettet in ein komplexes System arbeitsrechtlicher Regulierungen durch Betriebsvereinbarungen, Dienstvereinbarung - im öffentlichen Dienst - Tarifverträge, nationale Gesetze und Verordnungen. Der Arbeitsvertrag, auch Anstellungsvertrag, ist nach deutschem Recht ein Vertrag zur Begründung eines privatrechtlichen Schuldverhältnisses über die entgeltliche und persönliche Erbringung einer Dienstleistung. Der Arbeitsvertrag ist eine Unterart des in §§ 611 ff. BGB geregelten privatrechtlichen Dienstvertrages.

Im Unterschied zum freien Dienstverhältnis ist das durch den Arbeitsvertrag begründete Arbeitsverhältnis von der persönlichen Abhängigkeit des Arbeitnehmers vom Arbeitgeber gekennzeichnet. Der Arbeitnehmer kann im Wesentlichen nicht selbst seine Tätigkeit gestalten und seine Arbeitszeit bestimmen. Er ist vielmehr in die Arbeitsorganisation des Arbeitgebers eingegliedert und unterliegt typischerweise den Weisungen des Arbeitgebers über Inhalt, Durchführung, Zeit, Dauer und Ort der Tätigkeit.

Wer ist „Arbeitgeber"?

Arbeitgeber ist, wer die Arbeitsleistung des Arbeitnehmers kraft Arbeitsvertrages fordern kann und das Arbeitsentgelt schuldet. Die Arbeitgeberstellung wird maßgeblich vom Direktionsrecht geprägt, kraft dessen der Arbeitgeber die konkrete Leistungspflicht des Arbeitnehmers hinsichtlich Art, Ort und Zeit näher gestalten kann.

Wer ist Arbeitnehmer?

Arbeitnehmer, sind Menschen, die im rechtlichen Rahmen eines Arbeitsverhältnisses aufgrund eines privatrechtlichen Vertrags (Arbeitsvertrag) verpflichtet sind, ihre Arbeitskraft weisungsgebunden gegen Entgelt zur Verfügung zu stellen.

Was sind Abschlussfreiheit, Inhaltsfreiheit und Formfreiheit?

- Unter **Abschlussfreiheit** versteht man das Recht, sich zu entscheiden, ob man einen Vertrag schließen will oder nicht. Ist diese Freiheit durch Gesetz beschränkt, spricht man von Kontrahierungszwang - kontrahieren: einen Vertrag schließen). Dies bedeutet das ein Arbeitnehmer bzw. Arbeitgeber vollkommen frei ist in seinem Entschluss einen Arbeitsvertrag mit dem Arbeitnehmer / Arbeitgeber einzugehen.

- Unter **Inhaltsfreiheit** (oder Gestaltungsfreiheit) versteht man die Möglichkeit, den Inhalt der vertraglichen Regelungen frei zu bestimmen. So können auch völlig neue, vom Gesetz nicht vorgesehene Vertragstypen geschaffen werden. Beschränkt wird die Inhaltsfreiheit durch den Typenzwang, wie z.B. im deutschen Sachenrecht.

- Die **Formfreiheit** sagt aus, dass man Verträge grundsätzlich ohne eine bestimmte Form schließen kann oder dass man eine Form wählt, die nicht im Gesetz erwähnt ist. Formfreiheit besteht dann nicht, wenn eine gesetzliche Form vorgeschrieben ist, wie z.B. bei Grundstücksgeschäften.

Was ist eine Bewerbung?

Eine **Bewerbung** ist das Angebot eines Arbeitssuchenden an einen Arbeitgeber zur Begründung eines Arbeits- oder Ausbildungsverhältnisses. Am häufigsten sind Bewerbungen um einen Arbeitsplatz, ein Praktikum und Bewerbungen als Freier Mitarbeiter. Bewerbungen können sich auf konkrete Ausschreibungen beziehen oder als eine so genannte Initiativbewerbung gestaltet sein. Daneben gibt es die Variante der Kurzbewerbung. Das Bewerbungsschreiben soll Deckblatt, Anschreiben, Lebenslauf, Lichtbild, Zeugnisse und, falls möglich, Referenzen enthalten. Ein Bewerber will mit seiner Bewerbung den

Arbeitgeber davon überzeugen, dass er sich für eine bestimmte Arbeitsaufgabe eignet. Die Bewerbung selbst gilt als die erste Arbeitsprobe [18].

Was ist ein Bewerbungsgespräch und wie läuft es ab?

Das **Bewerbungsgespräch** oder **Vorstellungsgespräch** ist meistens ein persönliches Gespräch zwischen einem Arbeitgeber und einem Bewerber. Die Anzahl der Vertreter des zukünftigen Arbeitgebers kann zwischen einer und mehreren Personen variieren. Das Bewerbungsgespräch wird meist durch eine schriftliche oder elektronische Bewerbung eingeleitet, manchmal gehen dem eigentlichen Gespräch Testverfahren , Assessment Center oder ähnliches voraus. Es gibt zwei Formen des Bewerbungsgespräches; entweder der Bewerber und der Arbeitgeber treffen sich persönlich, oder das Gespräch wird telefonisch durchgeführt – eher selten. Bei unzulässigen Fragen des Arbeitgebers steht dem Arbeitnehmer ein Recht auf Lüge zu. Ein Bewerbungsgespräch läuft in den meisten Fällen unstrukturiert ab. Lediglich bei anspruchsvollen Stellen folgt das Bewerbungsgespräch oftmals einer klaren Linie. Tatsächlich werden die meisten Vorstellungsgespräche unstrukturiert geführt.

Es geht beim Bewerbungsgespräch nicht nur um die Erfassung fachlicher Qualifikationen, sondern auch um soziale Kompetenzen.

Der Arbeitgeber will wissen, ob der Bewerber in das bestehende Team und zu den Anforderungen passt, und wie er auftritt. Hier ist besonders auch das äußere Erscheinungsbild des Bewerbers relevant.

Meistens wird zu einem Bewerbungsgespräch wird nur ein enger Personenkreis eingeladen, um dann eine endgültige Entscheidung treffen zu können. Häufig wird auf die Bewerbungsunterlagen Bezug genommen. Unter Umständen wird auch auf öffentlich zugängliche Quellen Bezug genommen, etwa auf evtl. vorhandene Profile des Bewerbers bei sozialen Netzwerken.

Übliche Gesprächsinhalte sind:

- Begrüßung und Vorstellung der Gesprächspartner
- Vorstellung der Unternehmensstruktur, der Abteilung, der zu besetzenden Position
- Selbstpräsentation durch den Bewerber
- Beruflicher Werdegang
- Fragemöglichkeit für den Bewerber an das Unternehmen
- Organisatorisches zum weiteren Vorgehen und Verabschiedung etc.

Seitens des Bewerbers gewährt das Bewerbungsgespräch die Möglichkeit, Fragen zu Themen wie Karriereperskeptiven u.ä. zu stellen und anderweitig gewonnene Vorkenntnisse über den

Arbeitgeber mit dem eigenen Eindruck abzugleichen. So kommt der Bewerber seinerseits zu einer Entscheidung darüber, ob er ein Arbeitsverhältnis mit diesem Arbeitgeber aufnehmen will.

Was bedeutet „das Recht auf Lüge"?

Das Recht, auf einzelne Fragen nicht zu antworten bzw. bewusst etwas nicht Wahres zu sagen, ergibt sich aus dem Interessenkonflikt von Arbeitgeber und Arbeitnehmer. Dem Interesse des Arbeitgebers entspricht es, möglichst viel über den Bewerber zu erfahren, dem Interesse des Arbeitnehmers, möglichst wenig über sich selbst zu offenbaren. Dem Bedürfnis nach möglichst umfangreicher Information des zukünftigen Arbeitgebers im Vorstellungsgespräch sind durch das Persönlichkeitsrecht des Bewerbers Grenzen gesetzt [19].

Unzulässige Fragen sind z.B.:

- Frage nach Mitgliedschaft in einer Partei, Gewerkschaft, Religionsgemeinschaft (Ausnahme: Einstellung bei Tendenzbetrieben);
- Frage nach letztem Verdienst (20).
- Frage nach bestehender oder geplanter Schwangerschaft (21).
- Frage nach der sexuellen Orientierung;

34

- Frage nach strafrechtlichen Vorstrafen im Bereich der Vermögensdelikte (Ausnahme: Einstellung bei einer Bank oder in anderen Bereichen, in denen der Bewerber Gelder zu verwalten hat);
- Frage nach Schwerbehinderteneigenschaft, sofern sie zu Diskriminierungszwecken eingesetzt wird. Zulässig ist die Frage, soweit eine Schwerbehinderung die Erfüllung der konkreten arbeitsvertraglichen Pflichten beeinträchtigen würde. Bei einem bestehenden Arbeitsverhältnis ist die Frage nach dem Vorliegen einer Schwerbehinderung oder einer Gleichstellung mit Schwerbehinderten zulässig, wenn der Arbeitgeber damit den Zweck verfolgt, sich rechtstreu verhalten zu können, beispielsweise bei der Sozialauswahl von Kündigungen in der Insolvenz [22].

Was ist ein befristeter Arbeitsvertrag?

Die **Befristung eines Arbeitsverhältnisses** ist im Gegensatz zur *Dauerbeschäftigung* die Vereinbarung, dass ein Arbeitsverhältnis zu einem bestimmten Datum oder mit einem bestimmten Ereignis ohne Kündigung endet. Die Befristung ist neben der Kündigung ein sogenannter eigenständiger Beendigungstatbestand für ein Arbeitsverhältnis. Die Befristung eines Arbeitsverhältnisses ist allerdings nur wirksam, wenn sie aufgrund eines Gesetzes zulässig ist wie z.B. dem Teilzeit- und Befristungsgesetz. Befristete Arbeitsverhältnisse sind bis zu ihrem Ablauf nicht ordentlich kündbar, es sei denn, im Arbeitsvertrag oder dem zugrunde liegenden Tarifvertrag ist die Kündbarkeit während der Laufzeit ausdrücklich vereinbart. Die außerordentliche Kündigung aus wichtigem Grund ist stets möglich. Gibt es einen sachlichen Grund für die Befristung, ist diese ebenfalls zulässig. Das Gesetz – siehe § 14 Abs. 1 TzBfG - zählt sachliche Gründe auf. Es beschränkt sich dabei auf die gängigsten Beispiele.

Als sachlicher Grund gilt danach, wenn

1. der betriebliche Bedarf an der Arbeitsleistung nur vorübergehend besteht,
2. die Befristung im Anschluss an eine Ausbildung oder ein Studium erfolgt, um den Übergang des Arbeitnehmers in eine Anschlussbeschäftigung zu erleichtern,
3. der Arbeitnehmer zur Vertretung eines anderen Arbeitnehmers beschäftigt wird,
4. die Eigenart der Arbeitsleistung die Befristung rechtfertigt,
5. die Befristung zur Erprobung erfolgt,
6. in der Person des Arbeitnehmers liegende Gründe die

Befristung rechtfertigen,

7. der Arbeitnehmer aus Haushaltsmitteln vergütet wird, die haushaltsrechtlich für eine befristete Beschäftigung bestimmt sind, und er entsprechend beschäftigt wird oder

8. die Befristung auf einem gerichtlichen Vergleich beruht.

Besonderheiten zum befristeten Arbeitsvertrag

Laut dem Teilzeit- und Befristungsgesetz ist es Arbeitgebern verboten, einem Arbeitnehmer, der bereits einen kalendermäßig befristeten Vertrag hatte, einen weiteren kalendermäßig befristeten Vertrag zu geben. Wenn der Betrieb einen befristet beschäftigten Mitarbeiter weiter beschäftigen will, muss er ihm entweder einen zweckmäßig befristeten Arbeitsvertrag anbieten, der z.B. auf die Dauer eines bestimmten Projekts beschränkt ist, oder einen unbefristeten Arbeitsvertrag.

Im Fall einer Kündigung kann es sogar vorteilhaft sein, einen befristeten Arbeitsvertrag zu haben. Bei solch einem Vertrag muss der Arbeitgeber den Arbeitnehmer nämlich bis zum Ende der Vertragslaufzeit weiter bezahlen. Als Beispiel dienen hier Verträge von Fußball-Trainern. Auch nach einer Entlassung haben sie bis zum Vertragsende Anspruch auf ihr Gehalt. Es ist allerdings auch möglich, sich auf eine Abfindung oder eine einvernehmliche Vertragsauflösung zu einigen.

Was ist ein unbefristeter Arbeitsvertrag?

Ein unbefristeter Arbeitsvertrag weist keine zeitliche Terminierung auf. Mit anderen Worten: Im Arbeitsvertrag ist kein genaues Datum oder Ziel vermerkt, an oder mit dem das Arbeitsverhältnis automatisch endet. Ansonsten unterscheiden sich ein unbefristeter und ein befristeter Arbeitsvertrag kaum, die Gemeinsamkeiten überwiegen deutlich.

Die rechtlichen Mindestangaben in einem Arbeitsvertrag wie beispielsweise Arbeitsort, Tätigkeitsmerkmale und Gehalt müssen in jedem Arbeitsvertrag enthalten sein. Gravierende Unterschiede können in der Angabe der Kündigungsfristen bestehen, denn allgemein folgt der unbefristete Arbeitsvertrag den gesetzlichen Regelungen nach § 622 BGB.

In der vertraglich festgelegten Probezeit, die maximal sechs Monate betragen darf, können beide Parteien das Vertragsverhältnis in einer verkürzten Zeitspanne auflösen. Dies ist innerhalb von zwei Wochen möglich, entweder zum 15. eines Monats oder zum Monatsende.

Für den Arbeitgeber bestehen bei einem unbefristeten Arbeitsvertrag nach Ablauf der Probezeit besondere Kündigungsfristen. Bei einer ordentlichen Kündigung orientiert sich die Frist an der Dauer der Betriebszugehörigkeit des Arbeitnehmers. Je länger jemand einem Unternehmen arbeitet, desto länger ist die Kündigungsfrist bei einem unbefristeten Vertrag.

- nach zwei Jahren im Betrieb: ein Monat Kündigungsfrist zum Ende eines Kalendermonats

- nach fünf Jahren: zwei Monate

- nach acht Jahren: drei Monate

- nach zehn Jahren: vier Monate

- nach zwölf Jahren: fünf Monate

- nach fünfzehn Jahren: sechs Monate

- nach zwanzig Jahren: sieben Monate

Es macht also in Hinblick auf die Kündigungsfrist keinen Unterschied, ob jemand genau zwei Jahre oder vier Jahre und elf Monate bei einem Betrieb angestellt ist.

Die Kündigungsfrist in Bezug auf die Betriebszugehörigkeit zählt allerdings erst ab dem 25. Lebensjahr. Wer also beispielsweise 29 Jahre alt ist und bereits fünf Jahre in einem Unternehmen gearbeitet hat, dem kann trotzdem innerhalb einer Frist von vier Wochen gekündigt werden.

Der Arbeitgeber muss sich bei einem unbefristeten Arbeitsvertrag an diese gesetzlichen Kündigungsfristen nach dem Teilzeit und Befristungsgesetz (TzBfG) halten. Eine Ausnahme ist nur dann möglich, wenn Grund zu einer außerordentlichen (fristlosen) Kündigung besteht. Dies kann z.B. der Fall sein, wenn dem Arbeitnehmer Diebstahl von Firmeneigentum nachgewiesen werden kann. Außerdem können Tarifverträge und einzelvertragliche Regelungen die gesetzliche Kündigungsfrist in unbefristeten Arbeitsverträgen aufheben. Das heißt, dass in einem Tarif- oder einem Einzelvertrag kürzere Fristen festgeschrieben werden können.

Im Fall einer Kündigung kann es sogar vorteilhaft sein, einen befristeten Arbeitsvertrag zu haben. Bei solch einem Vertrag muss der Arbeitgeber den Arbeitnehmer nämlich bis zum Ende der Vertragslaufzeit weiter bezahlen. Als Beispiel dienen hier Verträge von Fußball-Trainern. Auch nach einer Entlassung haben sie bis zum Vertragsende Anspruch auf ihr Gehalt. Es ist allerdings auch möglich, sich auf eine Abfindung oder eine einvernehmliche Vertragsauflösung zu einigen.

Was sind Entgeltersatzleistungen – Lohnersatzleistungen?

Entgeltersatzleistungen – ehemals *Lohnersatzleistungen* - werden von den Trägern der Sozialversicherung zum Ausgleich ausgefallenen Einkommens - in der Regel Arbeitsentgelt, z.B. wegen Krankheit oder Arbeitslosigkeit - gewährt.

Arten der Entgeltersatzleitung

Elterngeld

1. Elterngeld wird nach dem Bundeselterngeld- und Elternzeitgesetz geleistet [23].

Aufstockungsbeträge und Altersteilzeitzuschläge

1. Aufstockungsbeträge und Altersteilzeitzuschläge werden nach dem Altersteilzeitgesetz oder beamtenrechtlichen Vorschriften – siehe § 3 Nr. 28 EStG geleistet.

Gesetzliche Krankenversicherung

1. Krankengeld bei Arbeitsunfähigkeit oder medizinischer Rehabilitation zu Lasten der Krankenkasse nach Wegfall der Entgeltfortzahlung
2. Mutterschaftsgeld (§ 3 Nr. 1 EStG)

Soziale Pflegeversicherung

1. Pflegeunterstützungsgeld nach § 44a Abs. 3 SGB XI bei kurzzeitiger Arbeitsverhinderung nach § 2 Pflegezeitgesetz

Gesetzliche Rentenversicherung

1. Übergangsgeld bei Maßnahmen zur medizinischen Rehabilitation nach Wegfall der Entgeltfortzahlung oder bei Leistungen zur Teilhabe am Arbeitsleben

Gesetzliche Unfallversicherung

1. Übergangsgeld bei Teilnahme an Leistungen zur Teilhabe am Arbeitsleben (berufliche Rehabilitation)

2. Verletztengeld bei Arbeitsunfähigkeit wegen eines Arbeitsunfalles oder wegen einer Berufskrankheit nach Wegfall der Entgeltfortzahlung

Arbeitslosenversicherung

Entgeltersatzleistungen sind nach § 3 Abs. 4 SGB III:

1. Arbeitslosengeld bei Arbeitslosigkeit und bei beruflicher Weiterbildung,

2. Teilarbeitslosengeld bei Teilarbeitslosigkeit,

3. Übergangsgeld bei Teilnahme an Leistungen zur Teilhabe am Arbeitsleben,

4. Kurzarbeitergeld für Arbeitnehmer, die infolge eines Arbeitsausfalles (Kurzarbeit) einen Entgeltausfall haben, und - als Sonderform des Kurzarbeitergeldes – das Saison-Kurzarbeitergeld für Arbeitnehmer in bestimmten Branchen, sie infolge eines witterungs- oder wirtschaftlich bedingten Arbeitsausfalls in der Schlechtwetterzeit einen Entgeltausfall haben.

5. Insolvenzgeld für Arbeitnehmer, die wegen

Zahlungsunfähigkeit des Arbeitgebers kein Arbeitsentgelt erhalten.

Zeiten des Bezugs von Entgeltersatzleistungen werden rentenrechtlich als Beitragszeiten berücksichtigt.

Kündigung – welche Arten der Kündigung gibt es?

Die **Kündigung im deutschen Arbeitsrecht** ist eine einseitige empfangsbedürftige Willenserklärung, durch die das Arbeitsverhältnis nach dem Willen des Kündigenden für die Zukunft, sofort oder nach Ablauf der Kündigungsfrist unmittelbar beendet werden soll. Die Kündigung ist im deutschen Arbeitsrecht an besondere formelle Voraussetzungen gebunden und im Übrigen gesetzlich eingeschränkt. Die Kündigung eines Arbeitsvertrages bedarf zu ihrer Wirksamkeit der Schriftform – siehe **§ 623 i.V.m. § 126 BGB**.

Dies bedeutet, dass die Kündigung vom Kündigenden bzw. einem gesetzlichen oder bevollmächtigten Vertreter eigenhändig unterschrieben sein muss. Der zu kündigende Arbeitnehmer soll im Kündigungsschreiben darauf hingewiesen werden, dass er sich spätestens drei Monate vor Beendigung des Arbeitsverhältnisses oder, wenn zwischen der Kenntnis des Beendigungszeitpunktes und der Beendigung des Arbeitsverhältnisses weniger als drei Monate liegen, innerhalb von drei Tagen nach Kenntnis des Beendigungszeitpunktes persönlich bei der Agentur für Arbeit arbeitsuchend melden muss.

1. Kündigung durch den Arbeitnehmer

Ein Arbeitnehmer kann jederzeit ohne Angabe von Gründen sein Arbeitsverhältnis unter Einhaltung der Kündigungsfristen im Arbeitsrecht lösen. Wenn nicht durch Arbeitsvertrag oder Tarifvertrag etwas anderes geregelt ist, beträgt die Kündigungsfrist für den Arbeitnehmer vier Wochen zum 15. oder zum Monatsletzten – siehe **§ 622 Abs. 1 BGB.** Während einer vereinbarten Probezeit beträgt sie zwei Wochen – siehe **§ 622 Abs. 3 BGB.**

2. Kündigung durch den Arbeitgeber

Der Arbeitgeber hat nicht nur die schriftliche Form – siehe **§ 623 BGB** - sowie die jeweils geltende gesetzliche – siehe **§ 622 BGB** - bzw. arbeits- oder tarifvertragliche Frist der Kündigungserklärung einzuhalten, sondern muss in sehr vielen Fällen auch den allgemeinen oder besonderen Kündigungsschutz beachten. Im Übrigen darf eine Kündigung weder treuwidrig – siehe **§ 242 BGB** – noch sittenwidrig – siehe **§ 138 BGB** - , keine Maßregelung und nicht diskriminierend sein. Außerdem muss der Arbeitgeber den

Betriebsrat oder Personalrat – falls vorhanden – vor dem Ausspruch der Kündigung ordnungsgemäß anhören – siehe § 102 BetrVG und/ oder **§ 79 BPersVG**. In Sonderfällen bedarf er sogar der Zustimmung des Betriebsrates – siehe **§ 103 BetrVG**.

3. Betriebsbedingte Kündigung

Der Arbeitgeber kann betriebsbedingt kündigen, wenn er aufgrund seiner Unternehmerentscheidung beschlossen hat, Arbeitsplätze abzubauen oder seinen Betrieb ganz oder teilweise stillzulegen. Dies erfordert allerdings eine vorherige Sozialauswahl unter den vergleichbaren Arbeitnehmern.

4. Verhaltensbedingte Kündigung

Eine verhaltensbedingte Kündigung ist gerechtfertigt, wenn sich der Arbeitnehmer – in der Regel nach dem Erhalt einschlägiger Abmahnungen (24) – weiterhin schuldhaft arbeitsvertragswidrig verhält – z.B. dauerndes Zuspätkommen.Die verhaltensbedingte Kündigung wird oft als außerordentliche Kündigung ausgesprochen.

5. Personenbedingte Kündigung

Personenbedingte Gründe liegen in der Person des Arbeitnehmers. Im Gegensatz zur verhaltensbedingten Kündigung ist hier eine vorherige Abmahnung nicht erforderlich.

Beispiele sind langandauernde Krankheit, häufige Kurzerkrankungen, Entzug des Führerscheins bei Kraftfahrern, Verlust der Arbeitserlaubnis bei Ausländern.

6. Krankheitsbedingte Kündigung

Eine Form der personenbedingten Kündigung ist die krankheitsbedingte Kündigung. In diesem Fall kann der Arbeitgeber also wegen einer Krankheit kündigen. Diese Kündigung kann der Arbeitgeber auch während der bestehenden, durch diese Krankheit verursachten Arbeitsunfähigkeit aussprechen.

Die Rechtsprechung unterscheidet zwischen folgenden Fällen, die eine Kündigung rechtfertigen können:

1. häufige Kurzerkrankungen
2. lang andauernde Erkrankung
3. krankheitsbedingte dauernde Leistungsunfähigkeit
4. völlige Ungewissheit der Wiederherstellung der Arbeitsfähigkeit
5. krankheitsbedingte Leistungsminderung

Vier Voraussetzungen sind an eine krankheitsbedingte Kündigung geknüpft:

1. Negative Gesundheitsprognose, d. h. die Besorgnis weiterer

Erkrankungen im bisherigen Umfang

2. Erhebliche Beeinträchtigung betrieblicher oder wirtschaftlicher Interessen, z. B. Betriebsablaufstörungen, Entgeltfortzahlungskosten usw.

3. Fehlen eines milderen Mittels, mangelnde Weiterbeschäftigungsmöglichkeit

4. Interessenabwägung; hier ist zu prüfen, ob die erheblichen Beeinträchtigungen ein solches Ausmaß erreicht haben, dass der Arbeitgeber die Belastung nicht mehr hinnehmen muss.

Erst wenn diese vier Voraussetzungen vorliegen, ist eine krankheitsbedingte Kündigung wirksam.

7. Verdachtskündigung

Eine Verdachtskündigung ist eine besondere Form der personenbedingten Kündigung. Sie kann außerordentlich oder ordentlich erfolgen. Sie ist, so das Bundesarbeitsgericht, „dann zulässig, wenn sich starke Verdachtsmomente auf objektive Tatsachen gründen, die als Verdachtsmomente geeignet sind, das für die Fortsetzung des Arbeitsverhältnisses erforderliche Vertrauen zu zerstören". Der Arbeitgeber muss vor ihrem Ausspruch alle zumutbaren Anstrengungen unternommen haben, um den Sachverhalt aufzuklären, insbesondere muss er dem Arbeitnehmer

Gelegenheit gegeben haben, Stellung zu nehmen. Stellt sich während des Laufs der Kündigungsfrist die Unschuld des gekündigten Arbeitnehmers heraus, so hat er Anspruch auf Wiedereinstellung.

Wovor schützt Sie das Kündigungsschutzgesetz?

Ein Arbeitnehmer ist durch das Kündigungsschutzgesetz (KschG) vor ordentlichen Kündigungen des Arbeitgebers geschützt.

Dieser Schutz besteht darin, daß eine ordentliche bzw. fristgemäße Kündigung des Arbeitgebers nur dann wirksam ist, wenn sie auf einen der drei im KSchG genannten Gründe gestützt werden kann: Die Kündigung muß demzufolge

- durch Gründe in der Person oder,

- durch Gründe im Verhalten des Arbeitnehmers oder

- durch betriebsbedingte Gründe gerechtfertigt sein. Im übrigen muss die Kündigung auch "sozial gerechtfertigt" sein.

Allgemeinen Kündigungsschutz nach dem KSchG genießen Arbeitnehmer nur dann, wenn sie in demselben Betrieb oder Unternehmen ohne Unterbrechung länger als sechs Monate tätig waren **und** wenn der Betrieb, in dem sie tätig sind, kein Kleinbetrieb ist. Siehe § 1 Abs.1 und § 23 Abs.1 Satz 2 KSchG. Als **"Kleinbetrieb"** wird bezeichnet, ein Betrieb, in dem zehn oder weniger Arbeitnehmer beschäftigt sind - Auszubildenden zählen hier nicht zu den Arbeitnehmern.

Das KSchG gilt für Arbeitnehmer, also für Arbeiter und Angestellte. Freie Mitarbeiter bzw. Personen, die als Selbständige für den Betrieb arbeiten, werden nicht geschützt.

Auch Mitglieder der Vertretung einer juristischen Person, z. B. der Vorstand einer Aktiengesellschaft oder der Geschäftsführer einer GmbH, sind vom allgemeinen Kündigungsschutz ausgenommen - siehe **§ 14 Abs.1 Nr.1 KschG**.

Bestimmte Arbeitnehmer genießen darüber hinaus einen besonderen Kündigungsschutz - zu diesen besonders geschützten Arbeitnehmern gehören insbesondere Betriebsräte, Schwangere und schwerbehinderte Menschen. Mitglieder eines Betriebsrats und ähnlicher Arbeitnehmervertretungen können gemäß § 15 KschG im allgemeinen nicht ordentlich, sondern nur außerordentlich gekündigt werden.

Besonderen Kündigungsschutz genießen auch Frauen während der Schwangerschaft. Nach **§ 9 Abs.1 Satz 1 MuSchG** (Mutterschutzgesetz) ist die Kündigung einer Frau während der Schwangerschaft und bis zum Ablauf von 4 Monaten nach der Entbindung unzulässig - wenn der Arbeitgeber zur Zeit der

Kündigung von der Schwangerschaft bzw. der Entbindung wusste. Will ein Arbeitgeber einem schwerbehinderten Arbeitnehmer kündigen, muß er die vorherige Zustimmung des Integrationsamtes zu der Kündigung beantragen – siehe §§ 85 ff. SGB IX. Dies gilt sowohl für ordentliche **und** außerordentliche Kündigungen. Kündigt der Arbeitgeber ohne die vorherige Zustimmung des Integrationsamtes, ist die Kündigung rechtlich wirkungslos.

Berufsausbildungsverhältnisse können gemäß **§ 22 Abs.2 BbiG** nur unter zwei Voraussetzungen gekündigt werden, nämlich

1. aus einem wichtigen Grund ohne Einhaltung einer Kündigungsfrist
2. vom Auszubildenden mit einer Kündigungsfrist von vier Wochen, wenn er die Berufsausbildung aufgeben oder sich für eine andere Berufstätigkeit ausbilden lassen will.

Eine reguläre Kündigung des Berufsausbildungsverhältnisses durch den ausbildenden Betrieb ist nach Ablauf der Probezeit gesetzlich ausgeschlossen, also nicht mehr möglich. Der Auszubildende genießt daher einen besonderen Schutz vor Kündigungen nach dem KschG.

Was ist ein faktisches Arbeitsverhältnis?

Ein faktisches bzw. ein fehlerhaftes Arbeitsverhältnis liegt dann vor, wenn ein Arbeitnehmer ohne rechtsgültigen Arbeitsvertrag Arbeit leistet. Hierzu kann es kommen, wenn der Arbeitsvertrag z.B. aufgrund der Geschäftsunfähigkeit einer der beiden Vertragsparteien nichtig ist. Wird diese Nichtigkeit von den Vertragsparteien nicht erkannt, bewusst in Kauf genommen oder ignoriert und die Arbeit nach Erkennen der Nichtigkeit nicht sofort eingestellt, kommt es zu einem faktischen Arbeitsverhältnis. Darunter fällt z.B. auch die Beschäftigung von Ausländern ohne hierzu erforderliche behördliche Genehmigung.

Nach Rechtssprechung des BAG wird das faktische Arbeitsverhältnis mit allen beiderseitigen Rechten und Pflichten wie ein fehlerfreies Arbeitsverhältnis behandelt. Die Rechte und Pflichten von Arbeitgeber und Arbeitnehmer richten sich also während des faktischen Arbeitsverhältnisses nach den gleichen gesetzlichen Vorschriften, wie die, die für ein wirksames Arbeitsverhältnis gelten. So gelangt sogar grundsätzlich das Entgeltfortzahlungsgesetz zur Anwendung. Etwas anderes gilt nur, wenn die erbrachte Arbeitsleistung bereits ihrer Art nach gesetzes- oder sittenwidrig ist. Allgemeiner Kündigungsschutz und besondere Kündigungsbeschränkungen greifen für das faktische

Arbeitsverhältnis nicht. Das faktische Arbeitsverhältnis kann vielmehr jederzeit durch einseitige Erklärung oder wirksame Anfechtung seitens des Arbeitgebers beendet werden. Statt der Kündigung genügt zur Beendigung des faktischen Arbeitsverhältnisses die einseitige form- und fristlose **Beendigungserklärung**. Das faktische Arbeitsverhältnis endet mit Zugang dieser Erklärung. Der Einhaltung einer Frist bedarf es hierzu ebenso wenig, wie der vorangegangenen Anhörung des Betriebsrats. Bis zur Beendigung des faktischen Arbeitsverhältnisses hat der Arbeitnehmer allerdings Anspruch auf Abrechnung und Auszahlung des üblichen Gehalts.

Welche Arten von Zeugnissen werden unterschieden?

Ein **Arbeitszeugnis** ist eine vom Arbeitgeber erstellte Urkunde über ein Dienstverhältnis.

Wenn lediglich die gesetzlichen Mindestanforderungen in Bezug auf den Inhalt erfüllt sind, dann spricht man von einem *einfachen Arbeitszeugnis*. Es enthält die Personalien und Angaben zu Art und Dauer der Beschäftigung, aber keine Wertungen.

In einem *qualifizierten Arbeitszeugnis* beurteilt der Arbeitgeber zusätzlich die Arbeitsleistung einschließlich der Qualifikation und das dienstliche Verhalten des Arbeitnehmers. Wenn das Arbeitsverhältnis nicht beendet ist, aber ein triftiger Grund vorliegt, kann der Arbeitnehmer ein *Zwischenzeugnis* verlangen.

Ein Arbeitszeugnis muss wahr sein und alle wesentlichen Tatsachen enthalten, die für eine Gesamtbeurteilung von Bedeutung sind und an denen ein künftiger Arbeitgeber ein „berechtigtes, billigenswertes und schutzwürdiges Interesse" haben könnte. Dabei ist der Arbeitgeber nicht zur schonungslosen Offenbarung aller ungünstigen Vorkommnisse verpflichtet. Negative Beurteilungen sind nur dann zulässig, wenn sie für die gesamte Dauer der Beschäftigung charakteristisch waren.

Das Zeugnis muss wohlwollend formuliert sein und darf das berufliche Fortkommen nicht ungerechtfertigt erschweren [24]. Beim Wohlwollen ist der Maßstab eines verständigen Arbeitgebers anzulegen. Im Übrigen ergibt sich das Wohlwollen auch aus der Fürsorgepflicht des Arbeitgebers. Arbeitnehmer in Deutschland haben generell einen Anspruch auf Dank, Bedauern oder Wünsche in der Schlussformel in ihren Arbeitszeugnissen bei sehr guter bis guter Leistungs- und Verhaltensbewertung [25].

Vollständigkeit in Deutschland bedeutet, dass das Zeugnis keine Lücken enthalten darf. Es müssen alle für die Beurteilung der Leistung und der Führung wichtigen Dinge erwähnt werden. Der Zeugnisaussteller darf nichts auslassen, was der Zeugnisleser üblicherweise erwartet. So darf bei einer ehrlichen Kassiererin nicht der Hinweis fehlen, dass sie ehrlich ist, bei einem guten Einkäufer, dass er Verhandlungsgeschick besitzt und bei einer Führungskraft, dass er oder sie als Vorgesetzte(r) anerkannt ist.

Was ist ein Tarifvertrag?

Nach deutschem Recht enthält der Tarifvertrag Rechtsnormen, die den Inhalt, den Abschluss und die Beendigung von Arbeitsverhältnissen und betriebliche und betriebsverfassungsrechtliche Fragen im *normativer Teil* regeln und die Rechte und Pflichten der Tarifvertragsparteien im *schuldrechtlicher Teil* festlegen. Zu den Tarifvertragsparteien zählen einzelne Arbeitgeber, Arbeitgeberverbände einerseits sowie Gewerkschaften als Arbeitnehmervertreter andererseits.

Bis heute ist der *Schutz* abhängiger Beschäftigter durch die Schaffung zwingender tariflicher Mindestarbeitsbedingungen eine der wichtigen Aufgaben des Tarifvertrages geblieben. Neben dieser *Schutzfunktion* kommt dem Tarifvertrag traditionell eine *Friedensfunktion* zu, weil er es den Vertragsparteien verbietet, während seiner Laufzeit Arbeitskämpfe über in ihm geregelte Sachfragen zu führen. Mehr noch als andere Verträge erfüllt der Tarifvertrag eine *Ordnungsfunktion*, indem er die Rechtsbeziehungen zwischen den Tarifvertrags-Parteien regelt. Der Tarifvertrag setzt einen Standard, der als Maßstab für den

Wirtschaftszweig gilt für den er abgeschlossen wird.

Was geschieht bei einem Streik?

Ein Streik ist eine kollektive Zurückbehaltung der Arbeitsleistung zum Zwecke der Druckausübung auf den Arbeitgeber. Diese Einstellung der Arbeit, die gemeinsam und planmäßig durch eine größere Anzahl von Arbeitnehmern innerhalb eines Betriebes oder eines Gewerbe- oder Berufszweiges durchgeführt wird, erfolgt zu einem bestimmten Zweck – wie z.B. einer Lohnerhöhung.

Regelmäßig ist ein Streik verbunden mit dem Willen, die Arbeit wieder fortzusetzen, wenn der Arbeitskampf beendet ist. Das Recht zum Streik ist in Art. 9 GG indirekt, in mehreren Länderverfassungen ausdrücklich garantiert. Ein Streik ist rechtmäßig, wenn er ohne Verstoß gegen die Friedenspflicht oder gegen das Gesetz von einer Gewerkschaft beschlossen und auf ein im Arbeitskampf zulässiges Ziel gerichtet ist. Der Arbeitnehmer, der sich am Streik beteiligt, verletzt nicht seinen Arbeitsvertrag; er kann deshalb nicht gekündigt werden; jedoch ist eine *Aussperrung* durch den Arbeitgeber zulässig. Bevor es zu einem Streik kommen kann sind einige Dinge zu beachten.

- ein Streik muss von einer Gewerkschaft geführt werden,

- vor dem Streik müssen alle Möglichkeiten einer friedlichen Einigung erschöpft sein,

- der Streik darf nicht gegen Grundregeln des Arbeitsrechts und der fairen Kampfführung verstossen,

- der Streik mus sich gegen einen Arbeitgeber oder einen Arbeitgeberverband richten

- und: es muss sich um eine kollektive Maßnahme handeln z.B. Der Verbesserung von Arbeitsbedingungen.

Die Aussperrung als Arbeitskampfmaßnahme der Arbeitgeberseite, durch die die Arbeitnehmer an der Erbringung der Arbeitsleistung durch Fernhalten von der Betriebsstätte gehindert wird – die Aussperrung hat den Sinn evtl. Streikende bzw. streikwillige Arbeitnehmer am Streik zu hindern. Bei einer rechtmäßigen Aussperrung ruhen die Lohn- und Gehaltszahlungen, zugleich tritt ein suspendierende, aber nicht auflösende Wirkung auf das Arbeitsverhältnis in Kraft. Auch bei der Aussperung gibt es einige Regeln zu beachten.

- die Aussperrung kann nur von einem Arbeitgeber ausgehen,

- sie muss das letzte Mittel sein,

- sie darf nicht gegen Arbeitsrecht oder die faire Kampfführung verstoßen,

- sie muss sich gegen eine Gewerkschaft richten

- und: auch hier muss es sich um eine kollektive Maßnahme handeln.

Betriebsverfassungsgesetz

Betriebsverfassung ist die grundlegende Ordnung der Zusammenarbeit von Arbeitgeber und der von den Arbeitnehmern gewählten betrieblichen Interessenvertretung – dem Betriebsrat. Ihre Grundlage ist in Deutschland das **Betriebsverfassungsgesetz (BetrVG)**.

Nach § 1 BetrVG kann ein Betriebsrat in Betrieben gewählt werden, wenn in dem Betrieb in der Regel mindestens fünf ständige wahlberechtigte Arbeitnehmer, von denen drei wählbar sein müssen, beschäftigt werden. Jeder Arbeitnehmer des Betriebes, der das 18. Lebensjahr vollendet hat, darf wählen, hierzu zählen auch Leiharbeitnehmer (seit 2001), wenn sie länger als drei Monate im Betrieb eingesetzt werden. Wählbar ist jeder Wahlberechtigte, der dem Betrieb am Wahltag länger als sechs Monate angehört. Alle vier Jahre finden Betriebsratswahlen statt, immer zwischen dem 1. März und dem 31. Mai. In einigen Fällen können auch außerhalb dieser

Zeit Neuwahlen stattfinden (zum Beispiel bei Betrieben, die keinen Betriebsrat besitzen, und bei Rücktritt des Betriebsrates). Der Betriebsrat besteht gemäß § 9 BetrVG etwa für Betriebe mit

- 5 bis 20 Wahlberechtigten: aus 1 Person
- 21 bis 50 Wahlberechtigten: aus 3 Mitgliedern
- 51 bis 100 Wahlberechtigten: aus 5 Mitgliedern
- 101 bis 200 Wahlberechtigten: aus 7 Mitgliedern
- 201 bis 400 Wahlberechtigten: aus 9 Mitgliedern
- 401 bis 700 Wahlberechtigten: aus 11 Mitgliedern
- 701 bis 1000 Wahlberechtigten: aus 13 Mitgliedern
- 1001 bis 1500 Wahlberechtigten: aus 15 Mitgliedern
- 1501 bis 2000 Wahlberechtigten: aus 17 Mitgliedern
- usw. in 500-er Schritten jeweils 2 mehr bis
- 4501 bis 5000 Wahlberechtigten: aus 29 Mitgliedern
- 5001 bis 6000 Wahlberechtigten: aus 31 Mitgliedern
- 6001 bis 7000 Wahlberechtigten: aus 33 Mitgliedern
- 7001 bis 9000 Wahlberechtigten: aus 35 Mitgliedern

In Betrieben mit mehr Wahlberechtigten erhöht sich die Zahl der Mitglieder in 3000er Schritten um jeweils 2.

Die Zusammensetzung des Betriebsrats muss gleichberechtigt sein (§ 15 BetrVG). Das Geschlecht, das sich im Betrieb in der Minderheit befindet, muss im Betriebsrat entsprechend seinem prozentualen Anteil im Betrieb vertreten sein, wenn der Betriebsrat mindestens drei Mitglieder hat.Das BetrVG verpflichtet den Arbeitgeber und den Betriebsrat bzw. einzelne Betriebsratsmitglieder dazu, vertrauensvoll zusammenzuarbeiten (§ 2 Abs.1 BetrVG). Die Zusammenarbeit zwischen Arbeitgeber und Betriebsrat soll sich in gegenseitiger „Ehrlichkeit und Offenheit" vollziehen. Darüber hinaus werden die Betriebsparteien durch diese Vorschrift zur gegenseitigen Rücksichtnahme und zu gesetzestreuem Verhalten verpflichtet.

Das Betriebsverfassungsgesetz sieht in verschiedenen Angelegenheiten Mitwirkungsrechte des Betriebsrats vor.

Was den *Inhalt* der Mitwirkungsrechte anbetrifft, kann grundsätzlich folgende Systematik festgestellt werden:

1. In sozialen Angelegenheiten – siehe **§ 87 BetrVG,** d.h. immer dann, wenn nicht unmittelbar die Art der Ausführung der Arbeit, sondern der Arbeitnehmer als Individuum betroffen ist, ist eine „starke" Mitbestimmung vorgesehen. Der Betriebsrat steht in sozialen Entscheidungen auf einer Stufe mit dem Arbeitgeber, er kann Entscheidungen mitgestalten.

2. In personellen Angelegenheiten wie Einstellungen oder Kündigungen besitzt der Betriebsrat das Recht, die

Zustimmung zu Maßnahmen zu verweigern (bei Einstellungen, Eingruppierungen, Umgruppierungen oder Versetzungen) oder das Recht, zu widersprechen (bei Kündigungen). Eine Gestaltungsmöglichkeit ist hier nicht eröffnet.

3. In wirtschaftlichen Angelegenheiten ist der Betriebsrat auf ein Informationsrecht beschränkt, das regelmäßig vom Wirtschaftsausschuss wahrgenommen wird. Eine unmittelbare Einflussnahme auf wirtschaftliche Entscheidungen des Unternehmers ist dem Betriebsrat in rechtlicher Hinsicht versagt.

Was die **Reichweite** der Mitwirkungsrechte anbetrifft, kann grundsätzlich unterschieden werden zwischen

- **Informationsrechten**, dem bloßen Recht des Betriebsrats, informiert zu werden;
- **Beratungsrechten**, dem Recht des Betriebsrats, bestimmte Fragen mit dem Arbeitgeber zu erörtern;
- dem **Widerspruchsrecht**, dem Recht des Betriebsrats einer beabsichtigten Kündigung zu widersprechen, ohne sie verhindern zu können;
- **Zustimmungsverweigerungsrechten** bei personellen Maßnahmen

- (echten) **Mitbestimmungsrechten**, dem Recht, Entscheidungen mitzugestalten.

§ 80 Abs. 2 BetrVG - Arbeitnehmerdaten - Der Betriebsrat hat das Recht, sämtliche Daten über die Arbeitnehmer des Betriebes vom Arbeitgeber zu erlangen, soweit diese dem Arbeitgeber vorliegen. Dazu zählen insbesondere Daten über Alter, Betriebszugehörigkeit, Unterhaltspflichten, Arbeitszeiten, Schwerbehinderung, Schwangerschaft oder Herkunft der Arbeitnehmer.

§ 89 BetrVG, **§ 6 ArbSchG** Arbeits- und Unfallschutz, Umweltschutz - Der Betriebsrat ist über sämtliche Belange des Arbeits- und Unfallschutzes, sowie des betrieblichen Umweltschutzes zu unterrichten. Die vorgeschriebene Beteiligung des Betriebsrates kann nur sinnvoll wahrgenommen werden, wenn der Betriebsrat zuvor umfassend unterrichtet wurde. Über Auflagen und Anordnungen der zuständigen Behörden hinsichtlich des Arbeitsschutzes, der Unfallverhütung und des betrieblichen Unfallschutzes ist der Betriebsrat zu informieren (§ 89Abs. 2 Satz 2 BetrVG). Dem Betriebsrat ist die nach § 6 Arbeitsschutzgesetz vorgeschriebene Dokumentation zugänglich zu machen. Darüber hinaus haben vom Betriebsrat beauftragte Betriebsratsmitglieder an den Besprechungen mit den Sicherheitsbeauftragten teilzunehmen.

Dem Betriebsrat sind die Protokolle über Untersuchungen, Besichtigungen und Besprechungen auszuhändigen, sofern er an den entsprechenden Maßnahmen teilgenommen hat.

§ 90 Abs. 1 BetrVG, **§ 6 ArbSchG** - Arbeitsplatzgestaltung, Bauliche Veränderungen, Technische Anlagen - Der Arbeitgeber hat den Betriebsrat über die Planung der Arbeitsplätze (hinsichtlich ihrer Ausgestaltung) zu unterrichten und ihm die erforderlichen Unterlagen zur Verfügung zu stellen (§ 90 Abs. 1 Nr. 4 BetrVG).

Der Arbeitgeber hat den Betriebsrat über sämtliche Neu-, Um- oder Erweiterungsbauten im Betrieb schon bei der Planung zu unterrichten und ihm die erforderlichen Unterlagen zur Verfügung zu stellen (§ 90 Abs. 1 Nr. 1 BetrVG).

Der Arbeitgeber hat den Betriebsrat über die Planung von technischen Anlagen zu unterrichten und ihm die erforderlichen Unterlagen einschließlich der im Arbeitsschutzgesetz vorgeschriebenen Dokumentation (Gefährdungsbeurteilung, Schutzmaßnahmen, Wirksamkeitskontrollen) zur Verfügung zu stellen (§ 90 Abs. 1 Nr. 2 BetrVG).

§ 90 Abs. 1 Nr. 3 BetrVG - ArbSchG - insbes. **§ 3, § 5, § 6, § 7** Der Arbeitgeber hat den Betriebsrat über die Planung von Arbeitsverfahren und Arbeitsabläufen zu unterrichten und ihm die erforderlichen Unterlagen zur Verfügung zu stellen.

In Wahrnehmung seiner Pflicht, die Einhaltung von Schutzbestimmungen zu überwachen, kann der Betriebsrat auf Grundlage des Arbeitsschutzgesetzes für Arbeitsverfahren und Projektplanungen Beurteilungen gesundheitlicher Gefährdungen verlangen sowie die Durchführung präventiver Maßnahmen und Wirksamkeitskontrollen zur Vermeidung körperlicher und psychischer Erkrankungen überwachen. Grundlage dafür können Betriebsvereinbarungen zum Arbeitsschutz sein.

§ 85 Abs. 3 BetrVG - Behandlung von Beschwerden der Arbeitnehmer - Hat sich ein Arbeitnehmer beim Betriebsrat beschwert und hat der Betriebsrat die Beschwerde für berechtigt erachtet und an den Arbeitgeber weitergeleitet, so muss der Arbeitgeber den Betriebsrat über die Behandlung der Beschwerde unterrichten.

§ 96 Abs. 1 BetrVG; § 97 Abs. 1 BetrVG; § 98 Abs. 2 BetrVG - Berufsbildung - Der Arbeitgeber muss auf Verlangen des Betriebsrats den Berufsbildungsbedarf der Arbeitnehmer im Betrieb ermitteln und dem Betriebsrat mitteilen (§ 96 Abs. 1 Satz 2 BetrVG). Darüber hinaus ist der Betriebsrat über die Errichtung und Ausstattung betrieblicher Einrichtungen zur Berufsbildung, über die Einführung betrieblicher Berufsbildungsmaßnahmen und die Teilnahme an außerbetrieblichen Berufsbildungsmaßnahmen zu unterrichten (§ 97 Abs. 1 BetrVG). Ein Informationsrecht besteht auch hinsichtlich desjenigen, der die betriebliche oder außerbetriebliche Berufsbildung durchführen soll bzw. Durchführt (§ 98 Abs. 2 BetrVG). Hierbei gilt, dass die Informationsrechte des Betriebsrates nicht auf die Berufsausbildung beschränkt sind, sondern sich auf jede Form betrieblicher Berufsbildung beziehen.

§ 80 Abs. 1 BetrVG; **§ 79 BetrVG** - Betriebs- oder Geschäftsgeheimnisse - Geheimhaltungspflichtige Informationen können dem Betriebsrat nicht unter Hinweis auf die Geheimhaltungspflicht oder den Datenschutz vorenthalten werden, wie sich aus § 79 BetrVG ergibt: Aus der Tatsache heraus, dass der Betriebsrat zur Geheimhaltung verpflichtet wird, ist zu schließen, dass er grundsätzlich Anspruch auf derartige Informationen hat - soweit diese für die ordnungsgemäße Betriebsratsarbeit erforderlich sind.

§ 111 BetrVG - Betriebsänderungen - Der Arbeitgeber hat den Betriebsrat in Unternehmen mit in der Regel mehr als 20 wahlberechtigten Arbeitnehmern über geplante Betriebsänderungen zu unterrichten. Betriebsänderungen bestehen beispielsweise in der Einschränkung oder Stilllegung des gesamten Betriebs oder wesentlicher Betriebsteile, Betriebsverlegungen, Zusammenschlüssen oder Spaltungen des Betriebs, grundlegenden Änderungen der Betriebsorganisation, des Betriebszwecks oder der Betriebsanlagen, Einführung grundlegend neuer Arbeitsmethoden und Fertigungsverfahren

§ 80 Abs. 2 Satz 4 BetrVG - Bruttolohn- und Gehaltslisten - Der Betriebsrat hat das Recht, in die Bruttolohn- und Gehaltslisten Einblick zu nehmen (§ 80 Abs. 2 Satz 4 BetrVG). Dieses Recht ist allerdings auf eine Einsichtnahme beschränkt. Der Betriebsrat hat kein Recht, diese Listen abschriftlich zu erhalten. Allerdings kann sich der Betriebsrat Notizen aus den Listen machen.

§ 99Abs. 1 BetrVG - Einstellung, Eingruppierung - Der Betriebsrat ist vorher über jede vom Arbeitgeber beabsichtigte Einstellung im Betrieb zu unterrichten. Ihm sind die Bewerbungsunterlagen aller Bewerber sowie sämtliche Testergebnisse, Ergebnisse ärztlicher Untersuchungen, Ergebnisse eines Assessment-Centers usw. vorzulegen. Der Arbeitgeber muss die Auswirkungen der Einstellung auf andere Arbeitnehmer darlegen.

Der Arbeitgeber muss dem Betriebsrat vor einer Einstellung auch die beabsichtigte Eingruppierung mitteilen. Der Arbeitgeber muss den Betriebsrat von jeder beabsichtigten Umgruppierung, d.h. der Veränderung der bisherigen tariflichen oder betrieblichen Eingruppierung eines Arbeitnehmers unterrichten. Auch über eine Einstellung oder personelle Veränderung eines leitenden Angestellten ist der Betriebsrat zu informieren (§ 105 BetrVG)

§ 102 Abs. 1 BetrVG - Kündigung - Der Arbeitgeber hat den

Betriebsrat vor jeder Kündigung zu informieren. Die Informationspflicht umfasst Angaben über die Person des zu kündigenden Arbeitnehmers, sein Alter, die Dauer seiner Betriebszugehörigkeit, seine Unterhaltspflichten, seine Schwerbehinderung, den Grund für die Kündigung, die Art der Kündigung, die geltende Kündigungsfrist.

§ 14 Abs. 3 AÜG - Leiharbeitnehmer - Der Betriebsrat ist vor Übernahme eines Leiharbeiters zur Arbeitsleistung vom Verleiher nach § 99 BetrVG zu unterrichten und zu beteiligen. Darüber hinaus ist dem Betriebsrat das Bestehen und der Wegfall der Erlaubnis des Verleihers zur gewerbsmäßigen Arbeitnehmerüberlassung nachzuweisen.

§ 92 Abs. 1 BetrVG - Personalplanung - Der Arbeitgeber hat den Betriebsrat über die Personalplanung, insbesondere über den gegenwärtigen und künftigen Personalbedarf sowie über die sich daraus ergebenden personellen Maßnahmen und über Maßnahmen der Berufsbildung anhand von Unterlagen rechtzeitig und umfassend zu unterrichten.

§ 80 Abs. 2 Satz 1 BetrVG - Subunternehmer, Honorarkräfte,Werkunternehmer,freie Mitarbeiter - Hinsichtlich der Beschäftigung von Personen oder Personengruppen, die nicht in einem Arbeitsverhältnis zum Arbeitgeber stehen hat der Betriebsrat ein Informationsrecht

§ 9 Abs. 2 ArbSichG - Unfallverhütung, Arbeitsschutz – Die Betriebsärzte und die Fachkräfte für Arbeitssicherheit haben den Betriebsrat über wichtige Angelegenheiten des Arbeitsschutzes und der Unfallverhütung zu unterrichten. Darüber hinaus haben sie dem Betriebsrat den Inhalt eines Vorschlages für arbeitstechnische oder sicherheitstechnische Maßnahmen mitzuteilen, den sie dem Arbeitgeber machen.

§ 99 Abs. 1 BetrVG - Versetzung - Der Arbeitgeber hat den Betriebsrat vor jeder geplanten Versetzung eines Arbeitnehmers zu unterrichten. Dabei ist der Arbeitnehmer zu nennen sowie die Auswirkungen der Versetzung auf andere Arbeitnehmer darzulegen.

§ 100 Abs. 2 Satz 1 BetrVG - Vorläufige Personelle Maßnahme - Führt der Arbeitgeber eine Einstellung, Eingruppierung, Umgruppierung oder Versetzung vorläufig durch, hat er den Betriebsrat hierüber unverzüglich zu informieren.

Mitbestimmung in sozialen Angelegenheiten

In **§ 87 Abs.** 1 BetrVG ist ein abschließender Katalog von Angelegenheiten aufgelistet, in denen der Betriebsrat mitzubestimmen hat.

Ziff. 1: Fragen der Ordnung des Betriebes und des Verhaltens der Arbeitnehmer.

Nach Ziff. 1 sind alle nicht arbeitsbezogenen Verhaltensanweisungen des Arbeitgebers mitbestimmungspflichtig. Dies betrifft beispielsweise Kleiderordnungen, Rauch- oder Alkoholverbote, Parkplatzordnungen, aber auch die Pflicht, beim Betreten des Betriebes die Zeiterfassung zu bedienen, Krankenrückkehrgespräche zu führen oder sich duzen zu lassen.

Ziff. 2: Beginn und Ende der täglichen Arbeitszeit einschließlich der Pausen sowie die Verteilung der Arbeitszeit auf die einzelnen Wochentage.

Nach der herrschenden Meinung unterliegt die Dauer der wöchentlichen Arbeitszeit nicht der Mitbestimmung des Betriebsrats.

Ziff. 3: Vorübergehende Verkürzung oder Verlängerung der betriebsüblichen Arbeitszeit.

Die Anordnung von Überstunden oder von Kurzarbeit unterliegt in vollem Umfang der Mitbestimmung.

Ziff. 4: Zeit, Ort und Art der Auszahlung der Arbeitsentgelte.

Dieses Mitbestimmungsrecht war bedeutsam, als die Löhne noch wöchentlich in der Lohntüte ausgezahlt wurden. Es erlangt heute allenfalls noch Bedeutung im Rahmen eines Kontoführungszuschlages, der im Rahmen der Mitbestimmung gefordert und vereinbart werden kann.

Ziff. 5: Aufstellung allgemeiner Urlaubsgrundsätze und des Urlaubsplans sowie die Festsetzung der zeitlichen Lage des Urlaubs, wenn zwischen dem Arbeitgeber und den beteiligten Arbeitnehmern kein Einverständnis erzielt wird.

Nach Ziff. 5 sind sämtliche Urlaubsregelungen mitbestimmungspflichtig. Die Frage, wann wie viel Urlaub beantragt werden muss, wann er zu genehmigen ist, wie Streitigkeiten behandelt werden, unterliegt der Mitbestimmung. Darüber hinaus kann der Betriebsrat schlichtend eingreifen, wenn Arbeitnehmer sich über den Zeitpunkt ihres Urlaubs mit dem Arbeitgeber streiten. Wegen dieser Frage kann im Einzelfall eine Einigungsstelle einberufen werden.

Ziff. 6: Einführung und Anwendung von technischen Einrichtungen, die dazu bestimmt sind, das Verhalten oder die Leistung der Arbeitnehmer zu überwachen.

Überwachung der Arbeitnehmer durch technische Einrichtungen ist in vielen Betrieben selbstverständlich. Die Datenverarbeitung ermöglicht es, umfangreiche Erhebungen durchzuführen, mit denen Arbeitnehmerdaten aufgezeichnet werden können. Das Mitbestimmungsrecht umfasst die Einführung und die Anwendung aller technischen Einrichtungen zur Überwachung. Der Arbeitgeber hat daher vor Installation neuer Techniken eine entsprechende Vereinbarung mit dem Betriebsrat zu treffen. Technische Einrichtungen im Sinne der Ziff. 6 sind beispielsweise: Kameras, Telefonanlagen (mit denen Rufnummern erfasst und gespeichert werden können und die regelmäßig eine Mithörmöglichkeit eröffnen), Computeranlagen, Zeiterfassungssysteme usw. Dabei untersteht der Mitbestimmungspflicht die Datenerfassung, die Datenverarbeitung und die Datenauswertung. Wird einer dieser Bereiche durch technische Einrichtungen durchgeführt, ist die gesamte Angelegenheit mitbestimmungspflichtig.

Ziff. 7: Regelungen über die Verhütung von Arbeitsunfällen und Berufskrankheiten sowie über den Gesundheitsschutz im Rahmen der gesetzlichen Vorschriften oder der Unfallverhütungsvorschriften.

Der gesetzliche Unfall- und Gesundheitsschutz ist seit der Neufassung des BetrVG im Jahr 1972 so stark erweitert worden, dass sich die meisten Beteiligungs- und Mitbestimmungsrechte des Betriebsrats bereits aus den spezialgesetzlichen Vorschriften, dem Arbeitsschutzgesetz und dem Arbeitssicherheitsgesetz ergeben. Die

Regelung in Ziff. 7 soll eine umfangreiche Mitbestimmung des Betriebsrats in diesen Bereichen gewährleisten. Besondere Bedeutung hat diese Mitbestimmungsmöglichkeit bei der konkreten Umsetzung der Bestimmungen des Arbeitsschutzgesetzes in den Betrieben.

Ziff. 8: Form, Ausgestaltung und Verwaltung von Sozialeinrichtungen, deren Wirkungsbereich auf den Betrieb, das Unternehmen oder den Konzern beschränkt ist.

Die Einführung oder Einrichtung von Sozialeinrichtungen ist mitbestimmungsfrei, ebenso deren Abschaffung. Der Betriebsrat kann den Arbeitgeber nach Ziff. 8 nicht dazu zwingen, eine Sozialeinrichtung einzuführen, zu errichten oder zu erhalten. Sobald jedoch eine solche Einrichtung existiert, entsteht gleichzeitig das Mitbestimmungsrecht des Betriebsrates. Sozialeinrichtungen sind beispielsweise die Kantine, der Fahrdienst zum nächstgelegenen Bahnhof, das Jobticket, aber auch die Betriebsrente.

Ziff. 9: Zuweisung und Kündigung von Wohnräumen, die den Arbeitnehmern mit Rücksicht auf das Bestehen eines Arbeitsverhältnisses vermietet werden, sowie die allgemeine Festlegung der Nutzungsbedingungen.

Nach Ziff. 9 ist das gesamte Mietverhältnis eines Arbeitnehmers mitbestimmungspflichtig, sofern er eine sogenannte Werkswohnung anmietet. Mitbestimmungspflichtig ist außerdem die Auswahl der Arbeitnehmer, denen ein solches Mietverhältnis angeboten wird. Mitbestimmungsfrei ist hingegen die grundsätzliche Zurverfügungstellung oder die Abschaffung von Werkmietwohnungen.

Ziff. 10: Fragen der betrieblichen Lohngestaltung, insbesondere die Aufstellung von Entlohnungsgrundsätzen und die Einführung und Anwendung von neuen Entlohnungsmethoden sowie deren Änderung.

Nach Ziff. 10 besteht ein Mitbestimmungsrecht hinsichtlich der Frage, wie die Entlohnung überhaupt stattfindet, also ob nach Arbeitsstunden, nach Stückzahl oder nach Leistung entlohnt wird. Darüber hinaus wird es als Gegenstand dieses Mitbestimmungsrechts verstanden, für „Lohngerechtigkeit" zu sorgen.

Ziff. 11: Festsetzung der Akkord- und Prämiensätze und vergleichbarer leistungsbezogener Entgelte, einschließlich der Geldfaktoren.

Sofern eine leistungsbezogene Vergütung stattfindet oder eingeführt wird, besitzt der Betriebsrat ein Mitbestimmungsrecht bei der Entscheidung, welche Leistungen in welcher Höhe vergütet werden.

Ziff. 12: Grundsätze über das betriebliche Vorschlagswesen.

Nach Ziff. 12 besteht ein Mitbestimmungsrecht bei der Frage des Umganges mit Verbesserungsvorschlägen von Arbeitnehmern. Dabei sind zunächst die Regelungen des Arbeitnehmererfindungsgesetzes zu beachten. Daneben kann der Betriebsrat bei der Frage mitbestimmen, wer wann auf welche Weise entscheidet, ob eine Arbeitnehmererfindung aufgegriffen und vergütet wird. Die Höhe der Vergütung unterliegt nicht der Mitbestimmung.

Ziff. 13: Grundsätze über die Durchführung von Gruppenarbeit; Gruppenarbeit im Sinne dieser Vorschrift liegt vor, wenn im Rahmen des betrieblichen Arbeitsablaufs eine Gruppe von Arbeitnehmern eine ihr übertragene Gesamtaufgabe im Wesentlichen eigenverantwortlich erledigt. Ob Gruppenarbeit eingeführt wird unterligt nicht dem Mitbestimmungsrecht – dies ist alleinige Entscheidung der Geschäftsleitung.

Wirtschaftliche Angelegenheiten

In Unternehmen mit mehr als 100 Beschäftigten hat der Betriebsrat gemäß § 106 BetrVG einen Wirtschaftsausschuss einzurichten. Der Arbeitgeber hat den Wirtschaftsausschuss unter Vorlage der erforderlichen Unterlagen über wirtschaftliche Angelegenheiten des Unternehmens (finanzielle Lage, Produktions- und Absatzlage, Rationalisierungsvorhaben etc.) zu unterrichten und diese mit ihm zu beraten.

Streitigkeiten zwischen Arbeitgeber und Betriebsrat

Grundsätzlich ist bei Streitigkeiten zwischen Arbeitgeber und Betriebsrat zu unterscheiden, ob

- eine Streitigkeit besteht, weil sich Arbeitgeber und Betriebsrat über eine Regelungsfrage nicht einigen können oder ob
- eine Streitigkeit besteht, weil Arbeitgeber oder Betriebsrat gegen ihre jeweiligen gesetzlichen Pflichten verstoßen haben.

Im Allgemeinen kann man davon ausgehen, dass bei Streitigkeiten über eine zu treffende Regelung die Einigungsstelle entscheidet, bei Streitigkeiten über einen Verstoß gegen gesetzliche Pflichten entscheidet das Arbeitsgericht im Beschlussverfahren.

Arbeitsschutz

Als **Arbeitsschutz** bzw. **Arbeitnehmerschutz** werden die Maßnahmen, Mittel und Methoden zum Schutz der Beschäftigten vor arbeitsbedingten Sicherheits- und Gesundheitsgefährdungen verstanden. Das angestrebte Ziel ist die Verhütung von Arbeitsunfällen und der Schutz der Gesundheit der Beschäftigten [26].

Der Begriff des Beschäftigten ist im Arbeitsschutzgesetz bewusst weit gefasst. Er beinhaltet *alle Personen, die durch eine andere (natürliche oder juristische) Person im Rahmen einer Organisation tatsächlich in Anspruch genommen* werden. Darunter fallen insbesondere Arbeitnehmer, aber auch Beamte, Richter und Soldaten; Auszubildende, Umschüler, Praktikanten; Schüler und Studenten; Beschäftigte in einer Werkstatt für behinderte Menschen; arbeitnehmerähnliche Personen; Helfer im Rahmen eines Freiwilligen Jahres, Mitarbeiter von z. B. Freiwilligen Feuerwehren oder Hilfsorganisationen. Ausdrücklich nicht zu den Beschäftigten im Sinne des Arbeitsschutzgesetzes zählen Hausangestellte in privaten Haushalten und bedingt Beschäftigte auf Seeschiffen und in Betrieben, die dem Bundesberggesetz unterliegen.

Beim Arbeitsschutz kann man zwischen dem *allgemeinen* und dem *sozialen Arbeitsschutz* unterscheiden.

Der allgemeine Arbeitsschutz soll Leben und Gesundheit der Arbeitnehmer schützen, ihre Arbeitskraft erhalten, sowie die Arbeit menschengerecht gestalten. Sobald der Arbeitgeber, sei es mittels Dienstanweisung Sicherheitsvorschriften erlässt oder einer entsprechenden Betriebsvereinbarung zustimmt, sind diese grundsätzlich für die Arbeitnehmer zwingendes Recht des Arbeitsverhältnisses. Elementare Sicherheitsvorschriften, welche die Arbeitnehmer vor erheblichen Gesundheitsgefahren schützen sollen, sind daher von diesen unbedingt einzuhalten. Verstöße können zu arbeitsrechtlichen Konsequenzen, bis hin zur gegebenenfalls fristlosen Kündigung des Arbeitsverhältnisses führen.

Der soziale Arbeitsschutz beinhaltet allgemeine Dinge wie zum Beispiel Arbeitszeiten, Jugendarbeitsschutz oder Mutterschutz.

Wesentliche Neuerung bei der Einführung des Gesetzes war die Gefährdungsbeurteilung – siehe § 5. Sie ist eine „Beurteilung der Arbeitsbedingungen" und nicht eine Beurteilung der Resilienz - **psychische Widerstandsfähigkeit,** also die Fähigkeit, Krisen zu bewältigen und sie durch Rückgriff auf persönliche und sozial vermittelte Ressourcen als Anlass für Entwicklungen zu nutzen - des einzelnen Mitarbeiters. Neben klassischen Gefährdungsarten wie „physikalische, chemische und biologische Einwirkungen" sind auch Gefährdungen zu beurteilen, die sich aus „der Gestaltung von Arbeits- und Fertigungsverfahren, Arbeitsabläufen und deren Zusammenwirken" und „unzureichender Qualifikation und Unterweisung der Beschäftigten" ergeben – siehe § 5.

Mit Änderung vom Oktober 2013 sind in der Gefährdungsbeurteilung auch psychische Belastungen zu berücksichtigen – siehe **§ 5 Abs. 3 Nr.6.**

Die Wirksamkeit der sich aus der Gefährdungsbeurteilung der Arbeitsbedingungen ergebenden Präventionsmaßnahmen ist zu überprüfen – siehe **§ 3.** Aus der Fokussierung des Arbeitsschutzgesetzes auf Arbeitsbedingungen und nicht auf individuelle Mitarbeiter ergibt sich für die Präventionsmaßnahmen, dass Gefahren an ihrer Quelle zu bekämpfen sind und dass individuelle Schutzmaßnahmen nachrangig zu anderen Maßnahmen sind – siehe § 4. Dokumentation ist erforderlich – siehe § 6.

Der Arbeitgeber hat ferner für eine regelmäßige Unterweisung seiner Mitarbeiter zu sorgen – siehe § 12.

Der Arbeitgeber kann Aufgaben und Pflichten auf geeignete Mitarbeiter übertragen – siehe § 7, § 13, bleibt aber in jedem Fall verpflichtet, die Erfüllung der übertragenen Aufgaben zu kontrollieren.

Die Mitarbeiter haben ihrerseits die Hinweise des Arbeitgebers zu beachten und dafür Sorge zu tragen, dass durch ihre Tätigkeit andere Personen nicht gefährdet werden – siehe § 15. Sie sind ferner verpflichtet, festgestellte Mängel, die Auswirkungen auf Sicherheit und Gesundheit haben können, dem Arbeitgeber zu melden – siehe § 16.

In Deutschland wird der Arbeitsschutz in einem dualen System überwacht:

1. durch die Aufsichtsbehörden der Länder (Bezeichnungen: Regierungspräsidien (Hessen), Struktur- und Genehmigungsdirektionen (Rheinland-Pfalz), Landkreise und kreisfreie Städte (Baden-Württemberg),

Gewerbeaufsichtsamt, Staatliches Amt für Arbeitsschutz und Sicherheitstechnik, Amt für Arbeitsschutz, Landesamt für Arbeitsschutz). Für den Bund und die Bundesbehörden einschließlich der mittelbaren Bundesverwaltung, zu denen der Bundesaufsicht unterstehende Sozialversicherungen (Bundesagentur für Arbeit), Deutsche gehören, ist im Auftrag der zentralen Arbeitsschutzkommission beim Ministerium des Inneren die Unfallkasse des Bundes zuständig. In NRW ist der technische sowie der betriebliche Arbeitsschutz in den zuständigen Bezirksregierungen beheimatet.

2. durch die Träger der gesetzlichen Unfallversicherung, insbesondere die gewerblichen Berufsgenossenschaften und Unfallkassen.

In regelmäßigen Abständen (mindestens vier Mal im Jahr) trifft sich der Arbeitsschutzausschuss (ASA). Hier werden alle Themen des Arbeitsschutzes besprochen, Ziele gesetzt, Meilensteine überprüft, Anregungen und Kritik geübt uvm. Der ASA besteht aus Vertretern der Geschäftsführung, Führungskräften, der Sifa (welche in der Regel auch die Moderation übernimmt), dem Betriebsarzt, Mitgliedern des Betriebsrats, den Sicherheitsbeauftragten (Sibe) und gegebenenfalls von Maßnahmen betroffene Mitarbeitern.

Gesetze, Verordnungen und Richtlinien

Die deutschen Gesetze werden nun mehr fast ausschließlich durch die Umsetzung europäischer Richtlinien – im Zuge der internationale Harmonisierung - beeinflusst. Aktuell hat sich die folgende Struktur entwickelt:

- Arbeitsschutzgesetz mit seinen Verordnungen

- Arbeitsstättenverordnung

- Baustellenverordnung

- Betriebssicherheitsverordnung (auch Verordnung zum Geräte- und Produktsicherheitsgesetz)

- Bildschirmarbeitsverordnung

- Lastenhandhabungsverordnung

- Lärm- und Vibrations-Arbeitsschutzverordnung

- Biostoffverordnung

- Gefahrstoffverordnung (auch Verordnung zum Chemikaliengesetz)

- Technische Regeln

- Produktsicherheitsgesetz (Deutschland) (ProdSG) mit seinen Verordnungen (ProdSV)

Beispiele:

- 2. GPSGV: Verordnung über die Sicherheit von Spielzeug

- 9. ProdSV: (Maschinenverordnung)

- 11. ProdSV (Explosionsschutzverordnung)

- Arbeitssicherheitsgesetz (AsiG)

- DGUV Vorschrift 2 „Betriebsärzte und Fachkräfte für Arbeitssicherheit"

- Siebtes Buch Sozialgesetzbuch - Gesetzliche Unfallversicherung (SGB VII)

- Vorschriften zur Sicherheit und Gesundheit bei der Arbeit der Träger der gesetzlichen Unfallversicherung (DGUV Vorschriften, Unfallverhütungsvorschriften nach § 15 SGB VII)

- Chemikaliengesetz mit seinen Verordnungen

- Atomgesetz mit seinen Verordnungen

- Röntgenverordnung

- Strahlenschutzverordnung

Wettbewerbsrecht

Gesetz gegen den unlauteren Wettbewerb - UWG

Das **Gesetz gegen den unlauteren Wettbewerb - UWG -** ist im deutschen Recht die gesetzliche Grundlage der Bekämpfung unlauteren Wettbewerbs. Es gehört zum sog. Lauterkeitsrecht [26].

Das UWG regelt das Marktverhalten der einzelnen Unternehmen und entspricht daher Vorschriften, die in anderen Rechtsordnungen etwa als *„Marktrecht"* oder *„Recht der Geschäftspraktiken"* bezeichnet werden [27].

Das UWG schützt die Mitbewerber, die Verbraucher und die Allgemeinheit (Dreigliedrigkeit des Schutzzwecks) vor einer unfairen Wettbewerbsverzerrung, beispielsweise durch irreführende Werbung.

Welche Wettbewerbshandlungen noch unlauter sind, ist beispielhaft in den folgenden Vorschriften dargestellt.

- **§ 4 UWG**
- unsachliche Beeinflussung
- Ausnutzung der geschäftlichen Unerfahrenheit oder einer Zwangslage, Angstwerbung
- Verkaufsförderung durch Gewinnspiele
- getarnte Werbung – Schleichwerbung

- Herabsetzung des Konkurrenten
- ergänzender wettbewerbsrechtlicher Leistungsschutz
- Rechtsbruch

- **§ 5 UWG**
- irreführende Werbung

- **§ 6 UWG**
- vergleichende Werbung

- **§ 7 UWG**
- unzumutbare Belästigung – unaufgeforderte Telefonwerbung, unangeforderte Newsletter, Spam-E-Mail usw.

Rechtsfolgen

In § 8 UWG schließen sich die Regelungen über den Unterlassungsanspruch, in § 9 UWG über den Schadenersatzanspruch und in § 10 UWG über die Gewinnabschöpfung zugunsten der Allgemeinheit an. Es folgen Vorschriften über Verjährung und Verfahren.

Gewerberecht

Das Gewerberecht ist ein Teil des Verwaltungsrechts, und dient vor allem der Gefahrenabwehr - Inhalt der Gefahrenabwehr ist die Aufrechterhaltung der öffentlichen Sicherheit und der öffentlichen Ordnung - Das Gewerberecht ist Teil des Wirtschaftsverwaltungsrechts.

Das Gewerberecht ist zugleich als eine Begrenzung der Gewerbefreiheit anzusehen. Das Gewerberecht an sich stellt besondere Anforderungen an den Gewerbetreibenden. So ist der Gewerbetreibende z.B. dazu verpflichtet, Mitglied in einer Kammer wie der Industrie- und Handelskammer, Handwerkskammer, Wirtschaftskammer o.ä. zu werden. Häufig werden auch besondere Anforderungen im Rahmen der „Zuverlässigkeit" an den Gewerbetreibenden gestellt.

Verfassungsrechtlich ist das Gewerberecht in Deutschland auf die Berufsfreiheit, das Eigentumsrecht und die allgemeine Handlungsfreiheit – siehe Art. 12, 14, 2 Abs. 1 des Grundgesetzes - gestützt.

Die wichtigste Normierungen des Gewerberechts in Deutschland sind bzw. waren:

- die Gewerbeordnung
- die Handwerksordnung
- das Ladenschlussgesetz
- das Personenbeförderungsgesetz

Ein Gewerbe muss nicht beantragt werden, es wird nur angemeldet. In der Gewerbeordnung wird weiterhin Bezug genommen auf Regeln zu Arbeitsverhältnissen und weitere Bestimmungen zu verschiedenen Gewerben.

Einzelnachweise

(1). Vgl. § 3 TPG; vgl. OLG Frankfurt/Main, Urteil vom 11. Juli 1997, AZ: 20 W 254/95, NJW 1997, 3099 = FamRZ 1998, 190 = Rpfleger 1997, 478;

(2). Carl Creifelds: *Rechtswörterbuch*. 21. Aufl. 2014. ISBN 978-3-406-63871-8

(3). Müller, Jürgen / Hajak, Göran: *Willensbestimmung zwischen Recht und Psychiatrie*. ISBN 978-3-540-28050-7, S. 46.

(4). Looschelders: *Schuldrecht AT.* 10. Auflage, 2012, Rn. 5–7.

(5). O. Palandt (Hrsg.), P. Bassenge (Bearb.): *Bürgerliches Gesetzbuch.* 68. Aufl. Beck, München 2009, ISBN 978-3-406-58110-6, Vor § 854 BGB Rn. 1.

(6). Gabriele Grimm, *Besitzlose Sicherungsrechte an beweglichen Sachen in europäischen, deutschen und spanischen Insolvenzverfahren*, 2004, S. 70 ff.

(7). Wörtlich entnommen aus: Wörlen, Rainer / Kokemoor, Axel: Handelsrecht mit Gesellschaftsrecht, 11. Auflage, München 2012, Rn. 7.

(8). Spangemacher, Klaus / Zimmermann, Reimar / Zimmermann-Hübner, Petra: Handels- und Gesellschaftsrecht, 11. Auflage, Bielefeld 2013, S. 28, 29.

(9). Vgl. auch im Folgenden: Steinbeck, Anja: Handelsrecht, 2. Auflage, Baden-Baden 2011, S. 44, Rn. 7.

(10). Vgl. Spangemacher, Klaus / Zimmermann, Reimar / Zimmermann-Hübner, Petra: Handels- und Gesellschaftsrecht, 11. Auflage, Bielefeld 2013, S. 29.

(11). Vgl. Steinbeck, Anja: Handelsrecht, 2. Auflage, Baden-Baden 2011, S. 45, Rn. 8.

(12). Vgl. auch im Folgenden: Bitter, Georg / Schumacher, Florian: Handelsrecht mit UN-Kaufrecht, München 2011, S. 9, Rn. 17.

(13). Vgl. auch im Folgenden: Spangemacher, Klaus / Zimmermann, Reimar / Zimmermann-Hübner, Petra: Handels- und Gesellschaftsrecht, 11. Auflage, Bielefeld 2013, S. 31.

(14). Vgl. Bitter, Georg / Schumacher, Florian: Handelsrecht mit UN-Kaufrecht, München 2011, S. 9, Rn. 19.

(15).   Vgl. Teichmann, Artur: Handelsrecht, 3. Auflage, Baden-Baden 2013, Rn. 283, 285.

(16).   Vgl. Spangemacher, Klaus / Zimmermann, Reimar / Zimmermann-Hübner, Petra: Handels- und Gesellschaftsrecht, 11. Auflage, Bielefeld 2013, S. 31.

(17).   Henssler/Braun (Hrsg.): Arbeitsrecht in Europa. 3.Aufl., Otto Schmidt, Köln 2011, ISBN 978-3-504-42681-1.

(18).   Petra Goth, Deutsche Gesellschaft für Personalführung e. V. (Hrsg.): *Mitarbeiter auswählen. Personaldiagnostik in der Praxis. Grundlagen – Handlungshilfen – Praxisbeispiel.* 1. Auflage. W. Bertelsmann Verlag, Bielefeld 2009, ISBN 978-3-7639-3858-2, S. 41.

(19).   <u>Lauer, rechtstipps.net, 2005, 334.</u>

(20).   Bundesarbeitsgericht, Az. 2 AZR 171/81.

(21).   Bundesarbeitsgericht, Az. 2 AZR 227/92.

(22).   *Pressemitteilung Nr. 12/12. Frage nach der Schwerbehinderung im bestehenden Arbeitsverhältnis.* Pressemitteilung des Bundesarbeitsgerichts. Ohne Datum. (Zu dem Verfahren: BAG, Urteil vom 16. Februar 2012 – 6 AZR 553/10 – Vorinstanz: Landesarbeitsgericht Hamm, Urteil vom 30. Juni 2010 – 2 Sa 49/10).

(23).   BFH Beschluss vom 21. September 2009, Az. VI B 31/09.

(24).   für Deutschland: BGH 26. November 1963, DB 1964, S. 517.

(25).   Arbeitsgericht München, Urteil vom 22. März 2012, Az. 23 Ca 8191/11

(26).   Ansgar Ohly: *Ohly/Sosnitza, Gesetz gegen den unlauteren Wettbewerb.* 6. Auflage. C. H. Beck, München 2014, ISBN 978-3-406-64947-9, § 1 Rn. 2

(27).   Ansgar Ohly: *Ohly/Sosnitza, Gesetz gegen den unlauteren Wettbewerb.* 6. Auflage. C. H. Beck, München 2014, ISBN 978-3-406-64947-9, § 1 Rn. 1 (Wörtlich: „Es ist Marktverhaltensrecht und entspricht den Vorschriften, die in anderen Rechtsordnungen unter den Oberbegriffen „Marktrecht" oder „Recht der Geschäftspraktiken" (trade practices law) zusammengefasst werden."

Jörg P. Ritter

Volks- und Betriebswirtschaft

Prüfungswissen kompakt
Dienstleistungsteil VWL / BWL für Fachwirte IHK

Prüfungswissen kompakt für Fachwirte IHK

In diesem Buch aus der Reihe "**Prüfungswissen Fachwirte IHK**" werden die wichtigsten Fragen zu den Themen **Volks- und Betriebswirtschaft** in Frage und Antwort Form behandelt. Besonders geeignet ist die Buch für Fachwirte IHK - im Dienstleistungsteil ihrer Prüfung - aber auch für alle anderen Menschen die sich mit dem Thema "**Volks- und Betriebswirtschaft**" auseinandersetzen wollen oder müssen, oder die sich ein spezielles Wissen aneignen möchten.

ISBN: 9783-7392-38654

In Kürze erhältlich:

Fragen & Antworten für Fachwirte IHK

Thema:

Band 3: Unternehmensführung - Band 4: Rechnungswesen
Band 5: Steuern